Alexandra Reinwarth

Ich bin nicht alt, nur schon sehr lange jung

mvgverlag

Bibliografische Information der Deutschen Nationalbibliothek
Die Deutsche Nationalbibliothek verzeichnet diese Publikation in der Deutschen Nationalbibliografie. Detaillierte bibliografische Daten sind im Internet über http://dnb.d-nb.de abrufbar.

Für Fragen und Anregungen:
info@mvg-verlag.de

1. Auflage 2017

Nymphenburger Straße 86
D-80636 München
Tel.: 089 651285-0
Fax: 089 652096

Redaktion: Petra Holzmann
Umschlaggestaltung: Verena Frensch
Umschlagabbildung: Marza/shutterstock; Infomages/shutterstock
Satz: Daniel Förster, Belgern
Druck: GGP Media GmbH, Pößneck
Printed in Germany

ISBN Print 978-3-86882-786-6
ISBN E-Book (PDF) 978-3-96121-062-6
ISBN E-Book (EPUB, Mobi) 978-3-96121-063-3

Weitere Informationen zum Verlag finden Sie unter

www.mvg-verlag.de

Beachten Sie auch unsere weiteren Verlage unter www.m-vg.de

INHALT

EINLEITUNG

Ich weiß nicht, warum das Älterwerden immer mit *Bauarbeitern* und *Nachpfeifen* in Verbindung gebracht wird – das Älterwerden von Frauen wohlgemerkt. So wie ich das sehe, sind Bauarbeiter das geringste Problem an der ganzen Älterwerden-Sache. Also eigentlich gar keines. Ich kenne auch keine Einzige, die jemals gesagt hätte: »Also, dass diese dicken, schwitzenden Typen mir jetzt nicht mehr ›Hey Puppe!‹ hinterherrufen, das fehlt mir irgendwie schon.« Das hat noch nie eine gesagt, jemals. Vielleicht ist es eher symbolisch gemeint für diesen komischen Moment, in dem man merkt, dass auch diejenigen Herren, die durchaus noch ins eigene Beuteschema fallen, an einem vorbeisehen wie an einer Zimmerpflanze.

Wann hat dieses Älterwerden überhaupt angefangen? Wenn ich mich recht erinnere, war ich vor ein paar Tagen noch Mitte/Ende zwanzig. Oder irgendwas mit dreißig. Jedenfalls sprach mich noch niemand mit »Sie« an, was einen besonders trifft, wenn man sich selbst insgeheim denkt: *Ach, du siehst aber süß aus.* – Aua.

Das war kurz nachdem ich merkte, dass ich mit ›Jugend‹ schon länger nicht mehr gemeint war, und als die Klamotten wieder modern wurden, die ich noch getragen habe, als sie das *erste* Mal modern waren.

Schließlich häuften sich die Schlüsselmomente und aus meinem Mund kamen Sätze, die ich von meiner Mutter kannte – und die plötzlich Sinn ergaben! Hat das erst einmal angefangen, geht es dahin:

Man scrollt auf Webseiten eine halbe Ewigkeit, bis man beim eigenen Geburtsjahr angekommen ist – und wundert sich, dass die 1987 Geborenen heute auch schon 30 Jahre alt sind!

Die erste teure Augencreme zieht ins Badezimmer ein und man erwischt sich dabei, dass man den Artikel über die Hyaluron-Wunder-Faltenauffüllung jetzt echt gelesen hat.

Die beste Freundin bekommt eine künstliche Hüfte (echt wahr! Jana hat jetzt eine Titanhüfte!) und klar – der behandelnde Arzt ist JÜNGER ALS MAN SELBST!

Außerdem kann man die Speisekarte im Restaurant nur noch lesen, wenn jemand so nett ist und sie an der nächsten Straßenecke für einen hochhält. Es ist eine Frechheit.

Irgendwann stellt man sich dieser Ansammlung unschöner Neuerungen und sieht den Tatsachen ins Auge: Alles deutet darauf hin, dass man tatsächlich nicht ewig jung bleibt. Das wusste man natürlich schon vorher, hat aber dieses Wissen trotzdem irgendwie nicht auf sich bezogen.

Wenn dann noch das Lied *»Ich war noch niemals in New York …«* im Radio kommt und man tatsächlich noch nie in New York war, dann gute Nacht. Nicht wenige Männer in meinem Umkreis halten nun den Moment für gekommen, eine Affäre oder das Motorradfahren anzufangen, und die Frauen sehen erst mal dumm aus der Wäsche. Dann rappeln sie sich auf, machen doch diese Hyaluron-Sache oder lassen sich zumindest die Haare färben und gehen anschließend in Rudeln aus, um auch eine Affäre anzufangen.

Während all diese Sachen passierten, schrieb ich gerade an einem Buch, das *Am Arsch vorbei geht auch ein Weg*[1] hieß, in dem ich eine unliebsame Freundin losgeworden bin: Kathrin.

Einige haben damals schon Bekanntschaft mit Kathrin gemacht, wer sie nicht kennt, dem sei so viel gesagt:

Kathrin ist ganz, gaanz arm dran. Wenn man ihr so zuhört beim Beschweren, Lamentieren und Leiden, ist man fast versucht, eine Hilfsorganisation zu gründen: Rettet Kathrin e.V.! Doch irgendwann merkte ich: Kathrin braucht gar keine Hilfsorganisation, sondern einen Tritt in den Hintern.

Das dauerte allerdings eine Zeit lang, eine Zeit, in der ich sie nach Kräften unterstützte, auf ihren Hund aufpasste und auf ihr Haus, ihr Erledigungen abnahm und ihr alles lieh, was sich in meinem Haushalt befand, außer L. Wobei – beinahe hätte sie den auch noch in Anspruch genommen: L. hat nämlich eine Motorsense – ein unfassbar lautes Gerät, das man laut L. aber AUF JEDEN FALL braucht, wenn man einen Flecken Gras vor der Türe daran hindern will, in den Himmel zu wuchern.

»Duuuu? L. hat doch so eine Motorsense?«, hat mich Kathrin da mit einem Blink-Blink-Augenaufschlag gefragt, als wolle sie mit mir in die Kiste. Und während ich noch dachte, ich müsste ein klein wenig Überzeugungsarbeit leisten, wenn ich L. die Sense aus den Rippen leiern will, um sie Kathrin zu leihen, war die schon einen Schritt weiter: Ob L. ihr nicht den Rasen in Ordnung bringen könnte? Weil sie doch keine Zeit hätte? Blink-Blink?

Das war der Moment, in dem ich zum ersten Mal etwas stockte. Lustigerweise war das nicht ein Moment, in dem es darum ging,

---

1 Am Arsch vorbei geht auch ein Weg, mvg Verlag 2010

dass ich ausgenutzt werde, sondern in dem L. ausgenutzt werden sollte, und das wiederum bringt so freundlich-dämliche Leute wie mich in einen Zwiespalt, denn ich will ja weder den einen noch die andere verstimmen. Aber dieser Fall war eine Pattsituation. Ich habe ihr dann auch prompt nicht sofort das Fell über die Ohren gezogen, sondern bin nach Hause gedackelt und habe L. ausgerichtet, was Frau Blink-Blink da von ihm wollte. Dann zog L. Kathrin das Fell über die Ohren – verbal, versteht sich. Ob die denn noch alle Tassen im Schrank hätte? Dass seine Zeit genauso wichtig wäre wie ihre und dass er nicht im Traum daran denke, ihr Grundstück zu bearbeiten – wo wir da hinkämen? Und während L. so dahinschmetterte, kam mir eine ganz abstruse Erkenntnis: dass ja eventuell auch meine Zeit ebenso wichtig ist wie die Kathrins!

Als ich Kathrin dann schließlich mit einem herzlichen »Fick dich!« und einem Blink-Blink zum Teufel schickte, spürte ich das erste Mal diese unglaubliche Erleichterung, die sich breitmacht, wenn man genau das tut, was für einen richtig ist. Ohne sich darum zu scheren, wie das alle anderen finden.

Daraus resultierte das ›Arsch-vorbei-Projekt‹, bei dem ich mich in meinem Leben umsah, was ich sonst noch an ebendiesem vorbeizischen lassen könnte. Das war lustig und befreiend und hat mir viele erholsame Nickerchen auf der Couch beschert, die ich ansonsten bei Umzügen von Freunden, Konfirmationen von Kindern von Freunden oder unsagbaren Poetry-Slam-Auftritten von Tom verbracht hätte. Unbezahlbar.

Ich merkte aber auch während dieses Projekts, dem allem liegt eine Gemeinsamkeit zugrunde, etwas Wichtigeres, das sich in den letzten Jahren langsam entwickelt hat:

Ich will generell meine Zeit nicht mehr vergeuden.

Nicht in dem Sinne, vor dem man früher von den Eltern immer gewarnt wurde, wenn man auf dem Sofa lag und den ganzen Tag nichts machte außer Tetris zu spielen oder Ähnliches.

Nein, in dem Sinn, dass ich keine Zeit mit Leuten oder Dingen verbringen möchte, die ich blöd finde (und stattdessen zum Beispiel lieber den ganzen Tag auf dem Sofa liege und Candy Crush spiele).

Ich will meine Zeit nicht mehr verschwenden, aber vor allem: Ich will alleine entscheiden, was verschwendete Zeit ist. Und Wörter wie Sofa oder Candy Crush kommen in diesem Zusammenhang mit Sicherheit nicht vor.

Das hat sich langsam entwickelt und es ist für mich die bedeutendste Auswirkung des Älterwerdens. Das, und dass man nicht mehr ohne Geräusche zu machen vom Boden aufstehen kann.

Wenn es Ihnen ähnlich geht und Sie auch keinen Bock haben, wegen grauer Haare oder ein paar Falten zu verzweifeln, und sich gerne mit mir ansehen, was Älterwerden tatsächlich so mit sich bringt und was daran absolut fantastisch ist, dann gehen wir es an. Wir haben keine Zeit zu verlieren!

GEDULD MIT LEUTEN

Dass ich keine Zeit mehr verschwenden will, hat eine recht konkrete Auswirkung auf meine Umwelt, ich habe nämlich gemerkt, dass ich viel ungeduldiger geworden bin. Ich habe einfach keinen Nerv mehr für – Scheiß.

Besonders bekommen das meine Mitmenschen zu spüren, denn ich habe immer weniger Geduld mit Leuten.

Ich kann mich auch noch erinnern, dass ein Freund der Familie, Holger, der rund fünfzehn Jahre älter ist als ich, irgendwann einmal sagte: »Ich habe immer weniger Geduld mit dummen Leuten«, und ich mir damals dachte: *Du arrogante Wurst.*

Das sehe ich heute anders. Ich würde dem inzwischen vorbehaltlos zustimmen und erweitere auf:

Ich habe immer weniger Geduld mit dummen Leuten, außerdem mit Leuten, die nichts zu sagen haben und einfach so dahinlabern, nur damit die Luft scheppert. Oder mit Leuten, die sich immer nur dann melden, wenn sie etwas von einem brauchen: einen starken Arm beim Umzug, ein Ohr zum Reinjammern, etwas Know-how für ihre Webseite … Man ist fast geneigt zu fragen: »Und? Darf es noch etwas sein? Eine Niere vielleicht?« Darunter fällt zum Beispiel Kathrin, die blöde Gans.

Es fällt mir auch deutlich schwerer als früher, mit denen geduldig zu sein, die sich permanent nur selbst profilieren, bei denen man immer zum Publikum wird oder die andere niedermachen, um sich besser zu fühlen. (Jetzt, wo ich es so aufschreibe, fällt mir auf: Auch darunter fällt Kathrin, die blöde Gans.) Ich wende mich auch schnell ab von zynischen und missgünstigen Menschen und von denen, die nicht empathisch sind. (Wie Kathrin! Die ist echt ein Volltreffer!) Mir sind Menschen suspekt, die Tiere nicht mögen oder Fehler immer nur bei anderen suchen, und ich bemühe mich nicht mehr wie eine Bekloppte darum, dass mich alle Menschen reizend finden – vor allem, wenn sie es offensichtlich nicht tun.

Ich will nur noch Menschen um mich haben, die ich mag und die mir guttun. Irgendwie war ich viele Jahre dem wirklich dummen Irrtum aufgesessen, es gäbe Leute, die sind so cool und so toll, dass es ganz normal ist, dass die nicht nett zu mir sind. Die hängen eben nur mit anderen, ebenfalls echt tollen Leuten ab.

Wenn sich dann jemand mir gegenüber nicht gut benahm, dachte ich so etwas wie:

Der/die weiß eben nicht, dass ich ganz reizend bin, aber wenn ich mich anstrenge und es nur genug zeige, dann …

Oder noch besser:

Der/die ist einfach viel toller als ich.

Das hat sich gelegt. Wenn sich heute jemand mir gegenüber nicht gut benimmt, denke ich:

Ach schau, ein Arschloch!

Ich kann auch inzwischen Leute, die mir nicht guttun, viel schneller erkennen! Das ist nämlich mitunter gar nicht so leicht:

Maria zum Beispiel, die ist auf den ersten Blick wirklich nett. Sie ist sehr interessiert, kann gut zuhören und bietet immer ihre Hilfe an – und irgendwann merkt man, da stimmt was nicht. Maria macht einem nämlich alles und alle madig.

Du erzählst ihr von einem neuen Kunden, den du für die Werbeagentur an Land gezogen hast:

»Die Werbebranche ist ein echt mieser Verein.«

Du erzählst, wie süß dein Kind *Huffalabumm* statt *Luftballon* sagt:

»Na hoffentlich hat es keinen Sprachfehler.«

Du sagst, du hast einen Bestseller geschrieben, zum Beispiel ›Am Arsch vorbei geht auch ein Weg‹:

»Na ja, Pseudo-Ratgeber gehen wohl immer.«

Merken Sie was?

Wenn die einen nicht zu sich runterziehen kann, geht die Tür nicht zu. Sind diese Spitzen selten, fällt das erst mal gar nicht so auf, aber nach einem Treffen mit Maria ist man immer so ein bisschen – gedrückt. Maria ist wie eine faule Frucht: Sie schimmelt vor sich hin, und hast du nicht gesehen, riecht man selbst auch ein bisschen komisch.

Eine andere Nummer ist Richard (der sich selbst englisch ausgesprochen als *Ritschard* vorstellt). Ritschard weiß nämlich, wie alles ist. Immer. Alles. Wenn Sie jemals Fragen haben sollten zum Nahostkonflikt, ob man Zahnseide verwenden sollte oder falls Ihnen nicht ganz klar ist, was die einzig wahre Methode ist, ein Stück Fleisch zu braten: Fragen Sie Ritschard. Der hält mit seinem Wissen ü-ber-haupt nicht hinterm Berg. Kein Argument kann ihn verunsichern und kein Zweifel hat je seine Meinung getrübt. Selbst Erfahrungsberichte dienen Ritschard als Steilvorlage.

Ich: »Ich Depp habe gestern die heiße Pfanne angefasst, das brennt immer noch wie Feuer!«

Ritschard: »Das ist nicht *ganz* richtig, die gefühlte Temperatur von Feuer ist … bla, bla, bla.«

Dass dem noch niemand die Gurgel umgedreht hat, ist ein Wunder.

Oder Markus, die alte Rübe. Das ist der größte Pessimist, den die Welt je gesehen hat. Freut man sich auf Weihnachten, prangert Markus den Konsum an, isst man ein Sandwich, enthält es bestimmt etwas sehr Ungesundes, sehr aufwendig Produziertes oder vom Aussterben Bedrohtes, und wenn eine Gruppe niedlicher Kinder vor uns herumspringt, macht Markus sich Gedanken zur Überbevölkerung. Man erwähnt besser kein Land, in dem man mal im Urlaub war, sonst bekommt man umfassend Bescheid über die Missstände desselben, und denken Sie nicht, Sie kämen mit Finnland oder so ungeschoren davon: Markus weiß bestimmt, dass die dort Joghurt quälen oder zu viele Dotterblumen anbauen oder was weiß denn ich.

Man verstehe mich nicht falsch, jedes einzelne Thema ist es wert, dass man sich darum kümmert – aber manchmal will man einfach nur ein verdammtes Pastrami-Sandwich essen oder ohne schlechtes Gewissen erzählen, dass man sich auf einen Italienurlaub freut. Nach Italien fahren ist laut Markus übrigens so ungefähr das Schlimmste, was man machen kann (direkt hinter den USA).

Markus, Ritschard und Maria sind keine schlechten Menschen und sie haben auch gute Eigenschaften und es gibt sicher irgendeinen Grund für ihr Verhalten – aber ich möchte ihn eben nicht erfahren. Ich möchte lieber woanders sein, zum Beispiel in Italien und dort in Ruhe mein Sandwich essen.

Kann sein, dass einem aufgrund dieser Ungeduld mit Leuten die eine oder andere menschliche Perle durch die Lappen geht, denn manchmal ist der Liebreiz ja ein bisschen versteckt. Im Fall meiner Freundin Anne ist der Liebreiz unter ein paar sehr dicken Schichten esoterischem Gedöns versteckt. Ich kenne Anne schon seit unserer gemeinsamen Kindergartenzeit, also lange bevor die Schutzengel, diverse Karmas und andere dubiose Energien in ihr Leben getreten sind. Weil ich Anne liebe, kann ich die Schutzengel in Kauf nehmen, sie stören mich nicht. Also zumindest fast nicht. Die Rechnung *Anne mit Schutzengel* oder *Keine Anne* geht immer zu Annes Gunsten aus.

Würde ich Anne heute erst kennenlernen und würden wir uns da erst etwas hin und her unterhalten – also, wenn sie dann die Schutzengel auspackte: Ich käme am nächsten Tag nicht drauf, sie zum Kaffee zu treffen, sondern würde L. erzählen, was ich von Schutzengeln halte. Deswegen hat man die Freunde von früher auch so gerne. Man muss sich nicht mehr anstrengen, die kennt man schon! (Und sie kennen dich auch, was zumindest heißt, dass sie dich trotzdem leiden können.)

Es war früher auch viel leichter, jemanden kennenzulernen: Zum einen verbrachte man überdurchschnittlich viel Zeit mit den zunächst Unbekannten – man war über einen langen Zeitraum zusammengepfercht (in der Schule, respektive Uni) – und hatte einen gemeinsamen Feind (Lehrer, in der Regel Mathe). Heute ist man zwar auch mit zunächst Unbekannten zusammengepfercht, und zwar in der Arbeit, und in der Regel gibt es auch irgendjemanden, den man gemeinsam hassen kann, aber: Man beschäftigt sich nicht mehr so sehr miteinander. Klar weiß man, wie die anderen heißen, dies und das über ihre Lebenssituation, aber es ist doch so: Sobald sich ein Moment der Ruhe ergibt, zum Beispiel weil man auf den Beginn eines Meetings warten muss oder im Aufzug steht, schauen alle auf das Smartphone in ihrer Hand! Statt dass man von einem Meetingstühlchen zum anderen fragt: »Wie geht es deinem Vater nach der OP? Erholt er sich gut? Ist er schon wieder zu Hause?«, guckt man lieber noch schnell ein Video mit betrunkenen Bibern, das man gerade per WhatsApp bekommen hat. – Ich nehme mich da nicht aus.

Abgesehen von dieser wirklich beunruhigenden Entwicklung siebt man Leute auch viel schneller aus als früher, ich erwische mich da permanent:

Unbekannte: »Also vom Sternzeichen her müsste ich ja viel mehr … bla, bla, bla«, und schon wandert meine Aufmerksamkeit zu anderen, interessanteren Dingen. Zum Beispiel zu einer Ameisenstraße. Oder ich überlege, was ich heute zu Mittag essen könnte. Das geht inzwischen zipp-zapp bei mir. Und es geht nicht nur schneller mit dem Aussieben, die Löcher im Sieb sind auch größer geworden.

Unbekannte: »Ich widme mich dem Outsourcing im Finanzsektor, was im Globalisierungszeitalter ein durchaus probates Mittel …«, und schon denke ich: Pasta mit Meeresfrüchten! Das wär's!

Beinahe wäre mir durch diese Sieblöcher auch die gute Hummel durchgeflutscht. Die Hummel heißt mit Nachnamen tatsächlich Hummel und ich habe sie in einem Schminkkurs kennengelernt. Ich gehe normalerweise nicht zu Schminkkursen, ich schminke mich noch nicht mal besonders gerne, aber ich hatte mich ja auch nicht dafür angemeldet: Meine Freundin Jana hatte mich angemeldet, die wollte nämlich nicht alleine hingehen. Ich ließ mich breitschlagen und wer dann doch nicht konnte, war, genau: Jana. Der Kurs fand nicht in der Volkshochschule statt, wo ich sonst gerne hingehe, sondern bei einem *erfolgreichen Film-und-Fernseh-Hair-und-Make-up-Artist.* Als ich das erfuhr, habe ich eventuell da schon das erste Mal mit den Augen gerollt. *»Erleben Sie, was Make-up kann!«*, hieß es in der Bestätigungsmail von unserem Artisten und nur die Höhe des Beitrags hielt mich davon ab, an dem Abend doch lieber ein Nickerchen zu machen. Das und dass ich immer mindestens fünf Versuche brauche, bis ich mit meinem Eyeliner diesen blöden Kajal-Lidstrich auf die Augen hinbekomme, inklusive mehrmaligem Abwischen, woraufhin ich schwarze Ringe um die Augen habe und aussehe wie ein Panda. Nur nicht so niedlich. Vielleicht ließe sich das ja ändern – und ganz vielleicht hoffte ich irgendwo in meinem Inneren, doch noch eine wunderschöne Prinzessin zu werden …

Jedenfalls stand ich zusammen mit vier anderen Damen an einem schönen Donnerstagabend (zur besten Voice-of-Germany-Sendezeit) im Eingangsbereich eines Reihenhauses in Oberbröckelaurach. Dort wurde vor Ziegelsteintapete und Echtholzgarderobe ein Glas Prosecco gereicht. Unser erfolgreicher Film-und-Fernseh-Make-up-Artist (»Ich bin der Basti«) wohnte nämlich im Dachgeschoss bei seinen Eltern.

»Wenn man so viel in der ganzen Welt unterwegs ist wie ich, ist so eine Homebase totaaal wichtig«, sagte er, und eine kleine Stimme in meinem Hinterkopf raunte: *und totaaal billig.* Er wackelte vor uns die Treppe nach oben und schwang dabei die Hüften, als wolle er Dinge zur Seite befördern, die da gar nicht standen.

Der Artist war Mitte vierzig, braun gebrannt, hatte blonde Strähnchen und trug weiße Turnschuhe sowie eine dieser bescheuerten Wollmützen, die so nach hinten lappen, und auch er hoffte tief in seinem Inneren, doch noch eine wunderschöne Prinzessin zu werden, so viel war klar. Ich konnte ihn sofort nicht leiden. Früher fand ich so extrem tuntige Typen lustig – aber seit mir irgendwann aufgefallen ist, dass ich bei Frauen so ein überzogenes Getue auch nicht ausstehen kann, geht es mir bei Männern auch auf den Keks.

»*Sooo, willkommen in meinem Schloss*«, flötete es und dann standen wir in einem ausgebauten Dachboden mit Mini-Küchenecke und einem riesigen Bücheregal als Raumteiler, hinter dem sich das Bett befand. Hätte man heimlich und aus neugierigen Gründen einen Blick hinter das Bücherregal geworfen, hätte man auf dem Bett eine kuschelige Tiger-Tagesdecke sehen können sowie einen riesigen Stofftiger, der dort diagonal drapiert war – das hätte man, hätte man um das Regal gelurt.

Auf dem kleinen Esstisch war ein Profi-Schminkkoffer aufgeklappt, dahinter ein Spiegel mit überproportional vielen Glühbirnchen drum herum. Die vier anderen Damen waren eine Gruppe der Marke Junggesellinnenabschied: ein Haufen unentwegt plappernder und giggelnder Hühnchen in zu engen Slim-Stretch-Jeans, die sich über unseren Schmetterling wegschmissen vor Lachen.

Das ganze Trara um die Schminkerei zog sich dann fast zwei Stunden und ich habe das meiste vergessen, außer dass man *Liquid Make-up* nicht bis zum Gesichtsrand auftragen soll, das gäbe sonst immer Ränder. Das ist eine magere Ausbeute für knapp zwei Stunden Unterricht, finden Sie? Das finde ich auch, aber als der Make-up-Artist anfing, über die Unterschiede zwischen *Business*

Make-up und *Abend-Gala-Make-up* zu referieren, ging es bei mir wieder los:

Oder wie wäre es mit Lasagne? Vielleicht Gamba-Lasagne? Und danach einen Flan? Muss man zu italienischem Essen eigentlich italienische Nachspeisen reichen? Usw. …

Das eigentlich Interessante an diesem Abend passierte eh erst hinterher, ich vergaß nämlich meinen Schal beim Make-up-Artist. Den guten Schal aus der Unterwolle von irgendeinem sehr, sehr weichen Tier, den mir meine Mutter vor Jahren geschenkt hat. Das ist an sich noch nichts Besonderes, ich musste lediglich den ganzen Weg nach Oberbröckelaurach wieder zurückfahren, aber als ich klingelte und sich die Tür öffnete, stand da ein sehr, sehr verheulter Make-up-Artist und zog hörbar den Rotz hoch.

Basti Hummel, *die Hummel*, war soeben recht kurz und ruppig von seinem Freund per WhatsApp verlassen worden. So tun, als wäre nichts, den Schal schnappen und weg, wäre eine Option gewesen – aber das bringt ja kein Mensch übers Herz und so fragt man natürlich doch, was denn los sei, und während das Hummelchen noch beteuerte, alles wäre schon in Ordnung, springen ihm die Tränen aus den Augen wie aus einem Wasserspeier.

An diesem Abend habe ich Sebastian Hummel kennengelernt, und eins ist gewiss: Wer die Hummel kennt, liebt sie. Sie ist nämlich tatsächlich eine wunderschöne Prinzessin, wenn auch mit einem fragwürdigen Geschmack in Sachen Mützen und Männer. Das affige Getue – well. Wenn es zu schlimm wird, denke ich an Annes Schutzengel und dann geht es wieder. Oder ich haue der Hummel einen Ellbogen in die Seite, sie hält nämlich was aus. Sie ist außerdem mein wandelndes, tuntiges Mahnmal all jener coolen Menschen, die ich nicht in mein Leben gelassen habe, weil ich ungeduldig, vorschnell und eine arrogante, oberflächliche Kuh geworden bin. Jeder sollte eine Hummel haben.

Wer unter meiner mangelnden Geduld noch mehr zu leiden hat als mein privates Umfeld, ist mein berufliches Umfeld sowie alle Menschen, von denen ich etwas will oder brauche und die sich in dem betreffenden Moment nicht sehr geschickt anstellen.

Freundliche Nachsicht mit begriffsstutzigen Kollegen finde ich anstrengend und manchmal rolle ich so sehr mit den Augen, dass sie mir fast in den Kopf fallen. Mehr oder weniger gut versteckt. Ich werde ungeduldig am Telefon, auf Ämtern sowie generell, wenn jemand für eine Handlung meinem Empfinden nach einfach zu lange braucht. Das ist nicht besonders sympathisch und auch nicht besonders hilfreich, was mein Anliegen angeht, ABER ICH HABE EBEN NICHT DEN GANZEN TAG ZEIT!

In meinem Job in der Werbeagentur sieht das so aus, dass ich versuche, nur noch mit denjenigen Kollegen der anderen Fachbereiche zusammenzuarbeiten, die Erfahrung haben in dem, was sie tun, und hell auf der Platte sind. Das klappt natürlich nicht immer und hat zur Folge, dass ich Sachen sage wie:

»Kannst du mir die Antworten auf meine Fragen bitte in einer Mail zusammenfassen, statt fünf Mails zu schicken?«, oder:

»Kannst du bitte die lustigen Emojis weglassen?«, oder, mein Favorit:

»Hast du meine Mail bekommen? Kannst du bitte drauf antworten?«,

und am Abend muss ich dann gleich noch ein Glas Wein mehr trinken und das ist ja auf Dauer auch nicht gesund. Daher trifft es mich auch schwer, dass meine Lieblingskollegin Birgit gekündigt hat. Wenn ich Birgit fragte: »Bis wann brauchst du den Text?«, kam als Antwort kurz darauf ein konkretes Datum plus die Info, um wie viele Tage ich die Abgabe maximal überziehen kann. Damit kann man arbeiten. Frage ich das Gleiche eine ihrer (zwanzig Jahre jüngeren) Nachfolgerinnen, kommt erst mal: nichts. Die müssen sich nämlich erst mal schlaumachen, kalkulieren, vergessen dann, mir kurz zu antworten, und schreiben Tage später auf meine Nachfrage (siehe »Hast du meine Mail bekommen? Kannst du bitte drauf antworten?«): »Am 3. März!« – mit drei lachenden, hüpfenden Emojis. Zwei Wochen später kommt dann ein aufgeregter Anruf, man hätte sich mit der Zeit vertan und alles müsste jetzt doch schon morgen fertig sein oder besser noch heute Nachmittag – ob das ginge?

All das ist natürlich verständlich, die Nachfolgerinnen haben noch nicht so viel Erfahrung, je jünger, desto Emoji, und sie siezen mich mit einer gewissen freundlichen Vorsicht. – Aber wie Hape Kerkelings wunderbare Figur Gisela das so schön sagte: »Isch möschte das nischt.«

Isch möschte Birgit, die alte Hupe.

Wer mich noch viel wahnsinniger macht, sind die armen Würste, die an einer Rezeption, in einem Restaurant, in einem Amt oder sonst einem Ort arbeiten, wo es sein kann, dass ich vorbeikomme und etwas will. Denn ich bin zwar freundlich und eine lange Wartezeit, ein kaputter Computer oder andere äußere Umstände rütteln daran auch nicht, aber wenn es sich bei meinem Ansprechpartner um jemanden handelt, der so ein paar Umdrehungen zu langsam ist, merke ich, wie mein Herz schneller schlägt. BU-BUMP, BU-BUMP, BU-BUMP – und zwar nicht aus Liebe.

Wenn man es nicht eilig hat, kann man sich in dem Moment immer noch selbst beruhigen: sich ablenken, durchatmen und wenn man in Begleitung ist, sogar: sich amüsieren. Wenn man es aber durchaus eilig hat oder etwas wirklich wichtig ist (oder wenn man schlimm Hunger hat), gibt man dem erhöhten Blutdruck schon mal nach.

In Bildern gesprochen: Wenn man die langsamste Bedienung der Welt erwischt hat, kann man das unter normalen Umständen wegstecken. Ist einem aber schon schlecht vor Hunger, kann man ihr eventuell nicht ganz tatenlos dabei zusehen, wie sie erst ein paar Tische sauber wischt, neue Gäste wortreich begrüßt und eine Viertelstunde nach der Bestellung mit einem »War das noch mal Lachs bei Ihnen oder das Gratin?« zurückkommt. Da ist man geneigt, sich ein Tablett zu schnappen und etwas Schwung in die Bude zu bringen.

Treffe ich auf Begriffsstutzigkeit bei Sachbearbeitern, ist es oft von Vorteil, wenn wir nur telefonisch miteinander sprechen, denn dann bin ich nicht so gefährdet, sie an den Schultern zu nehmen und ein bisschen zu schütteln, um zu sehen, ob sie so vielleicht einen Gang hochschalten. Bei Haushaltsgeräten funktioniert das ja manchmal.

Damit mir meine Ungeduld nicht irgendwann eine Anzeige oder eine Schlägerei einbrockt, habe ich noch eine andere Methode, meiner Meinung Ausdruck zu verleihen, es ginge auch etwas zackiger: Ich biete meine Hilfe an. Allen. Rezeptionistinnen, Kellnern, Beamten, Verkäufern, egal. »Kann ich Ihnen irgendwie dabei helfen?«, frage ich und meine das wirklich ehrlich.

Als L. und ich mit dem Kind letzten Sommer quer durch Nordspanien unterwegs waren, blieben wir für eine Nacht in einem romantischen kleinen Hotel direkt am Jakobsweg. Wir wanderten prompt ein paar Meter auf selbigem, bewunderten die Blasen der Pilger und dann klingelte das Telefon. Mein Handy hatte blöderweise ein bisschen Empfang und am anderen Ende war eine recht aufgelöste Nachfolgerin von Birgit. Ein Dokument X, das ich ihr gemailt hatte, war weg. Nicht aufzufinden, futsch, nicht mal der hausinterne IT-Gott konnte helfen. Weil ich aber mein Handy dabeihatte und auf meinen privaten Server zugreifen konnte, müsste ich es doch auf diese Weise noch mal schicken können. Eigentlich kein Problem – gut, ich bin im Urlaub und ja, ich rollte mit den Augen, aber ein großer Aufwand war es tatsächlich nicht. Ich musste ja nur das WLAN des Hotels benutzen. Irgendein Dämon muss sich in diesem Moment ins Fäustchen gelacht haben.

Die Rezeptionistin und Ehefrau des Hotelbetreibers war eine kleine, herzliche, schwarz gelockte Südamerikanerin mit breitem Lächeln, die mir auch sofort erklärte, wie das mit dem WLAN bei ihnen im Hotel funktionierte: Ich müsse in das oberste Stockwerk des Hotels fahren, am Ende des Ganges hätte ich am meisten Empfang. Es ist ein günstiges Hotel für Pilger, was habe ich erwartet …

Wie das Passwort wäre? »Hotel«, sagt die nette Frau, alles klar.

Im obersten Stockwerk am Ende des Ganges drücke ich auf dem Telefon herum, aber es taucht noch nicht mal ein Netzwerk auf. Hm. Wieder unten strahle ich die freundliche Frau an. Wie denn der Name des Netzwerks wäre?

»Hotel!«, sagt die freundliche Frau wieder.

»Heißt jetzt das Netzwerk oder das Passwort Hotel?«, frage ich und sie strahlt mich an und nickt.

»Was steht denn in Ihrem Computer als Netzwerk?«, frage ich und deute auf ihren Monitor, der neben ihr steht.

Sie guckt kurz, lächelt mich wieder an und sagt: »Google!«

BU-BUMP, BU-BUMP, BU-BUMP.

Ich versuche der Frau den Unterschied zwischen Google und einem Netzwerk zu erklären und weise auf die Notwendigkeit meines Anliegens hin und ich wette, sie hat in dem Moment gedacht: »Paella? Con vino blanco?«

Ich lehne mich weit über den Tresen der Rezeption und versuche durch Deuten auf ihrem Monitor an die gewünschten Informationen zu kommen, aber obwohl ich fast vornüberkippe, drückt sie konsequent woanders und ich höre es lauter werden: BU-BUMP, BU-BUMP, BU-BUMP.

Das Verrückte ist: Sie hat ganz bombigen Internettempfang, das sehe ich in der Leiste ihres Monitors! Und angesichts ihrer zunehmenden Verzweiflung und meines zunehmenden Blutdrucks sage ich kurzerhand: »Komm, lassen Sie mich schnell hin, ich gucke selber«, und wir tauschen den Platz. Ich benutze einfach ihren Computer, um mein Dokument noch mal zu verschicken, dann checke ich den Namen des Netzwerks und das Passwort und notiere mir beides, und da die freundliche Südamerikanerin gerade so schön mit dem Hausmeister plaudert, checke ich gleich noch meine Mails und was seit Urlaubsbeginn sonst so in der Welt passiert ist. Als ein junges Pärchen kommt und nach dem Passwort für das WLAN fragt, helfe ich gerne weiter und notiere es ihnen auf einem Notizzettel. Just als ich die beiden freundlich verabschiede, kommt L. mit dem Kind um die Ecke. Er wollte zur Rezeption, wo in diesem Moment ich bin.

»Alex?«, sieht er mich ungläubig an.

»Was kann ich für Sie tun?«, grinse ich zurück, gebe meinen Posten aber dann doch der netten Frau zurück, die sich notgedrungen vom Plausch mit dem Hausmeister trennt. Das junge Pärchen habe ich übrigens noch ein paar Mal gesehen: Sie hatten Fragen. Wo das Restaurant sei, ob es Handtücher am Pool gibt, ob man mit Kreditkarte zahlen kann. Da habe ich natürlich gerne Auskunft gegeben.

Was sich lustigerweise in eine ganz andere Richtung entwickelt hat, ist die Geduld mit Fehlern von vornehmlich jungen Leuten. Das erinnert mich an eine Szene mit Polizisten bei der Straßenkontrolle, die ich selbst erlebt habe. Kennen Sie das? Da fährt man blöderweise deutlich zu schnell und es halten einen prompt zwei Bullen auf, ein älteres Modell mit Bauch und sein junger Kollege mit Flaum auf der Oberlippe. Hat man in diesem Moment seine Papiere dabei, ist das Auto nicht an irgendeiner Stelle mit Tape zusammengehalten und bereut man wortreich die überhöhte Geschwindigkeit, passiert es oft, dass der ältere Kollege mit dem Bauch sagt: »Na, dann fahren Sie mal weiter, aber beim nächsten Mal kommen Sie nicht so glimpflich davon.« Dazu hebt er den Zeigefinger und die Augenbrauen, lächelt und man selbst nickt, verspricht Besserung und macht sich aus dem Staub. Wäre da nicht der Jüngere der beiden. Der kann so einen Gesetzesbruch nämlich nicht durchgehen lassen, verpasst einem einen Strafzettel und dann kontrolliert er auch noch das Haltbarkeitsdatum des Verbandskastens.

Wenn mir heute ein junger Mensch erklärt, nur dies wäre die korrekte Meinung zu einem Thema oder allein so wäre etwas richtig und er würde nie im Leben dies oder jenes ... – dann komme ich mir manchmal so vor wie dieser Bulle mit dem Schnäuzer. Ich lächle und winke ihn wohlwollend weiter.

SCHRULLEN

Früher habe ich Leute generell viel besser ausgehalten – vielleicht hat das aber auch damit zu tun, dass ich früher viel mehr darauf gegeben habe, was Leute im Allgemeinen so von mir halten.

Glücklicherweise hat die Natur oder sonst wer es so eingerichtet, dass man ungefähr zeitgleich mit der wachsenden Ungeduld auch etwas mehr Mir-doch-egal geliefert bekommt. Auch so eine fantastische Sache an dem Älterwerden.

Ritschard hält mich für eine arrogante Kuh? Und wenn schon! Maria redet schlecht über mich? Soll sie doch. Und wenn Markus, der alte Miesmacher, noch hundert Mal meint, ich sollte bewusster und nachhaltiger und überhaupt ganz anders sein: Pastrami-Sandwich bleibt Pastrami-Sandwich. Wenn das so weitergeht, wird das Alter mal toll! Wie diese alten Damen, die morgens im Morgenmantel und Pantoffeln in der Bäckerei stehen: »*Ich frühstücke immer im Morgenmantel, da ziehe ich mich doch nicht extra an, nur wegen der Leute*!«, und schon gilt man als ›schrullige Alte‹, was so viel heißt wie: Man macht, was man will, ohne etwas darauf zu geben, was der Rest der Welt davon hält. Wie gesagt: Ich sehe wirklich großartige Zeiten auf uns zukommen …

In der Regel bekommt man seine Schrullen ja langsam und allmählich und nicht plötzlich wie zum Beispiel die Masern: »Huch!

Was ist das denn Scheußliches?« »Och, eine Schrulle, hab ich heute Morgen ganz frisch bekommen.«

Nein. Schrullen schleichen sich ein. Singles sind da noch gefährdeter als Leute mit Partner, denn das ist derjenige, der zumindest ab und zu die Richtigkeit unseres Handelns zur Diskussion stellt, zum Beispiel mit Fragen wie:

Sag mal, spinnst du? Oder:

Ist das dein Ernst?

Man merkt ja selbst erst mal nicht, dass man schrullig wird, sondern ist felsenfest davon überzeugt, total rational zu handeln – bis man das erste Mal einen Tobsuchtsanfall wegen so etwas wie Falsch-herum-aufgehängtem-Klopapier bekommt.

Aber klar: Man hatte schließlich jede Menge Zeit, sich auf der Welt einzurichten, und hat das auch gemacht. Heraus kamen zwei unverrückbare Größen:

1. Dinge

   Die haben im Laufe der Zeit ihren festen Platz bekommen. Also den einen, richtigen und korrekten Platz. Wenn zum Beispiel der Platz für das Ding ›Nagelschere‹ in dem Etui in der Schublade des Badezimmerschränkchens ist, dann ist das eben der korrekte Platz der Nagelschere. Und nicht *neben* dem Etui, *auf* dem Schränkchen oder gar *am Waschbeckenrand, wo sie das Rosten anfängt, Herrgott noch mal!*

2. Abläufe

   Durch Wiederholung hat man die Abläufe im Alltag perfektioniert und die haben sich ebenso tief eingegraben wie ein Fluss, der sich durch die Berge schlängelt. Nur sind sie meist

> nicht so hübsch anzusehen. Meine Mutter ist zum Beispiel felsenfest davon überzeugt, nicht einschlafen zu können, wenn sie nicht vorher im Bett liest. Das kann nur eine Seite sein und sie erinnert sich am nächsten Tag auch nicht mehr an den Inhalt dieser Seite (was dazu führt, dass es sich stets um das gleiche Buch handelt), aber ohne diese Seite geht es nicht. Wäre meine Mutter ein feindlicher Spion, dem man Geheiminformationen entlocken müsste: Die Folter wäre eine relativ langweilige Angelegenheit. Die Folterknechte nähmen ihr einfach ihr Buch weg. – Zack! Schlafentzug!

Die meisten Schrullen lassen sich in diese beiden Kategorien einteilen. Die Schwierigkeit besteht darin zu unterscheiden, was eine liebenswerte Schrulle ist – und was ein amtlicher Schuss im Sender ist. Auch wenn die Grenzen fließend sind, würde niemand behaupten, der Mann im Papageienkostüm, der bei uns in der Fußgängerzone Leute anpöbelt und mit den Blumenkübeln spricht, habe eine ›liebenswerte Schrulle‹. Das wäre, als würde man von Trump sagen, er hätte ein gesundes Selbstbewusstsein.

Hier einige Schrullen-Beispiele:

Die Eierschalen-Schrulle
Dabei handelt es sich um die religiöse Überzeugung: Es gibt nur eine richtige Art, ein Ei zu schälen, und du sollst keine andere haben neben mir.

Die Spülmaschinen-Schrulle
Da räumt man bei Freunden, hilfsbereit und beflissen, wie man ist, nach einem gemeinsamen Abendessen ein paar Teller in die Spülma-

schine und noch bevor man die Tür derselben wieder ganz geschlossen hat, kommt aus dem Hintergrund der Herr des Hauses mit weit aufgerissenen Augen angesprungen, wie Manuel Neuer zu einem Eckball. »Naaaaiiiinnn«, ruft er im Flug und erwischt die Tür der Spülmaschine noch vor dem Schließen. »Das geht ganz anders«, berichtigt er sodann eifrig, und man sieht erstaunt zu, wie der tatsächlich das ganze dreckige Geschirr wieder herausnimmt, um es dann so zu sortieren, wie es ihm seine innere Stimme befiehlt.

»Totaaal bescheuert«, lästere ich auf dem Nachhauseweg, während L. nur still in sich hineingrinst. »Was?«, frage ich und L. sagt: »Der Wäsche-Streit?« Ach herrje. Der Wäsche-Streit.

Meine Wäsche-Schrulle

Es ist wirklich nicht schwer: Der klappbare Wäschetrockner hat drei Sektionen. Den linken Flügel, den rechten und die Mitte. Im Laufe meines Zusammenlebens mit dem Gestell haben sich zwei logische Grundsätze entwickelt, wie selbiger zu befüllen ist:

1. Die Wäsche wird nach einem bestimmten System aufgehängt, das erleichtert später das Abnehmen und Sortieren.

2. Verschiedene Kleidungsstücke werden so oder so herum gedreht, damit sie keine Falten bekommen, nicht ausbleichen oder besser trocknen.

Dieses Vorgehen beruht auf wissenschaftlichen Erkenntnissen meinerseits und ist so perfektioniert und ausgeklügelt, dass es daran nichts zu rütteln gibt. Als L. sich eines Tages engagiert daranmachte, unsere Wäsche aufzuhängen, unterbrach ich ihn, um ihm das System zu erklären. Nach zwei Minuten, gerade als ich dabei war, die Sache mit den Socken zu erklären (Socken immer mindestens einen auf links aufhängen, dann ergeben sie beim Zusammenlegen ein perfektes Paar), sah mich L. etwas befremdet an und meinte, er würde das schon richtig machen. Aber er machte gar nichts richtig. Als ich die Wäsche am nächsten Tag abhängen wollte, musste ich feststellen, dass L. nicht nur die Socken-Regel nicht beherzigt hatte – sie hingen auch noch kreuz und quer über den Ständer verteilt! Darauf folgte eine Auseinandersetzung zunächst über Socken, die in einen Streit über Grundsätze ausartete, an dessen Ende wir stinkbeleidigt nicht mehr miteinander sprachen. Der Streit ist schon lange her und wir haben uns bald wieder vertragen, aber lieber kümmere ich mich alleine um die Wäsche, als zu ertragen, dass L. es anders macht als ich.

Nicht zu verwechseln mit den Schrullen ist der bunte Strauß an Macken, Spleens und Ticks, die man schon immer hatte, also nicht nur man selbst, sondern alle anderen auch. Wenn Sie mal rumfragen in Ihrem Bekanntenkreis, da kommen die schönsten Sachen raus:

»Ich kaufe immer das Duschgel, das weiter hinten im Regal steht, weil ich die Vorstellung, dass da jemand vor mir dran gerochen hat, eklig finde.«

»Ich rechne von allen Zahlen die Quersumme aus, meine Lieblingsquersumme ist 6, die ›schlechteste‹ Zahl ist 4.«

»Als Beifahrer im Auto zähle ich die Mittelstreifen und bewege meine Zehe abwechselnd im Takt für jeden Streifen mit.«

»Ich trete nie auf Türschwellen und versuche meistens, bei Pflastersteinen nicht in die Rillen zu treten.«

»Bevor ich dusche, schaue ich im Bad in alle Ecken und Nischen in einer festgelegten Reihenfolge nach Spinnen und zähle dabei bis 23.«

»Ich kann nicht kauen, wenn das Essen ungleichmäßig verteilt ist, also mehr auf der einen Seite als auf der anderen.«

»Ich rupfe immer das erste Blatt aus, das ich im Frühling sehe, und lege es auf meine Kommode.«

Aber auch komplexe Dinge wie:

Die Kopftuch-Macke
Eine besonders komische Macke hat Andi, ein Freund von L., die ich mitbekommen habe, als wir dort übernachteten. Am Morgen wackelte ich den Gang entlang ins Bad, als die Schlafzimmertüre aufging und Andis Freundin herauskam. Hinter ihr im Bett saß Andi, verschlafen – aber wach – in seinem T-Shirt und mit einem leuchtend orangen Handtuch-Turban auf dem Kopf. Ich reiße die Augen auf, die Freundin sieht mich an, dann ihren Andi und dann wieder mich. »Was ist?«, fragt sie und ich bin mir nicht sicher, ob sie vielleicht das orange Handtuch nicht sieht und es gar nicht dort ist. »Auf seinem Kopf …«, fange ich an und überlege, den Satz hier abzubrechen. »Ach, das ist sein Bett-Turban«, winkt sie ab und geht in die Küche zum Kaffee Machen. »Ach so«, tue ich wissend und gehe ins Bad. »Was zur Hölle ist ein Bett-Turban?«, frage ich später im Auto L. »Macht er das immer noch?

Ich fasse es nicht«, beömmelt der sich und erklärt mir dann, dass Andi schon als Kind nur dann schlafen konnte, wenn etwas um seinen Kopf gewickelt war. Als Erwachsener hat er das wohl beibehalten.

Das stelle ich mir echt cool vor: Da lernst du einen attraktiven Mann kennen, man geht aus, flirtet, er kommt eines schönen Abends dann noch auf einen Kaffee rauf, es folgt bombastischer Sex und dann, bevor man eng aneinandergekuschelt einschläft, sagt er: »Ich muss noch schnell was erledigen«, und verschwindet im Bad, um mit seinem Turban wieder zu erscheinen. Da ist man doch schneller aus dem Bett, als er »Ich kann das erklären« sagen kann.

»So was Absurdes«, sagt auch meine Mutter und schüttelt den Kopf. »Ein Handtuch auf dem Kopf ...« Sie findet Andis Verhalten wahnsinnig verschroben – hält es aber im Gegenzug für völlig normal, dass ihr vor Knöpfen ekelt. Vor Knöpfen!

Die Knöpfe-Sache

In der Welt meiner lieben Mama ist Knopf nicht gleich Knopf. Knöpfe, die sich an Kleidung befinden, sind zum Beispiel völlig harmlos. Auch Knöpfe an Apparaten lassen sie kalt. Es gibt aber Knöpfe, bei denen dreht sie komplett durch, nämlich wenn es sich um Knöpfe handelt, die sich an Bettwäsche befinden. Wenn sie beknopfte Bettwäsche irgendwo liegen sieht, überkommt sie nur ein Schauer, aber wehe, die beknopfte Wäsche befindet sich in ihrem Bett, dann bricht die Hölle aus. Im Prinzip ist das nicht weiter schlimm: Meine Mutter kauft eben nur Bettwäsche mit Reißverschluss.

Als sie allerdings einmal bei mir zu Besuch war, hatte ich blöderweise just dieses Detail irgendwie vergessen. Als Mama dann nach einem schönen Abend mit einem »Gute Nacht Liebes!« im Gästezimmer verschwand, ertönte prompt einen Augenblick später ein grässlicher Schrei. Ich war im Badezimmer und hätte fast meine Zahnbürste durchgebissen. In meinem Kopf sah ich meine Mutter durch den Boden zu den Nachbarn unter uns brechen – mit einer riesigen Ratte oder dem gemeinen Axtmörder konfrontiert, was einem eben als Erstes so durchs Hirn schießt, wenn man nichts sieht. Die Realität war (zumindest für meine Mutter) noch viel schlimmer: Ihr nackter Zeh hatte einen Knopf berührt! Der Ekel stand ihr immer noch ins Gesicht geschrieben und sie hatte Gänsehaut am ganzen Körper. Schwierig, in dem Moment angemessen erschrocken zu reagieren.

»Grinst du etwa?«, starrte mich meine Mutter an und war völlig empört, dass ich den Ernst der Lage nicht erkannte. Wohlgemerkt die gleiche Mutter, die ein Handtuch auf dem Kopf ›total absurd‹ findet.

Diese lustigen Macken haben nichts mit dem Älterwerden zu tun, die ärgsten Macken haben eh Kinder (»Ich esse nur Nudeln ohne Soße!«), der große Unterschied zur Schrulle ist:

Im Gegensatz zur Macke ist man im Schrullen-Fall felsenfest davon überzeugt, genau das Richtige zu tun. Ob die Ordnung der Spülmaschine oder die aufgehängte Wäsche: Man hat seine Gründe, etwas so oder eben nicht so zu machen.

Das Schrullige an der Sache ist, dass man es vorzieht, der Schrulle nachzugeben. Also statt froh zu sein, dass jemand es übernimmt, die Spülmaschine einzuräumen, statt gemütlich am Tisch sitzen zu bleiben und mit den Freunden zu quatschen, rennt man lieber in die Küche und schiebt die Freundin zur Seite, um das bereits eingeräumte (und eingesaute) Geschirr aus der Maschine rauszuholen. (Lediglich die Sache mit meinem Wäscheständer ist vollkommen vernünftig, natürlich.)

Schrullen können immer begründet werden:

- Dann passt mehr in die Maschine
- Dann tut man sich beim Ausräumen leichter
- Dann ist das Besteck gleich sortiert/dann piekst man sich nicht an den Messern
- Etc.

Trotzdem agiert man in dem Moment befremdlich für andere. So wie die Oma mit dem Morgenmantel und den Pantoffeln. Das kann einem natürlich egal sein (ebenfalls wie der Oma mit dem Morgenmantel und den Pantoffeln), aber dabei ist man lange noch nicht so sympathisch wie sie. Warum? Weil das eigene Tun & Lassen mit Dritten zu tun hat. Dritte, die zum Beispiel gerade helfen wollten. Das sind die Art Schrullen, die man im Auge behalten muss, die entwickeln sich mit der Zeit. Um bei dem Beispiel mit unserer Spülmaschine zu bleiben:

Erstens hatte man früher gar keine und zweitens war es dann, als man schließlich eine hatte, vollkommen egal, wie sie eingeräumt war – da war man schon froh, wenn die Gäste in ihrem Rausch nicht wieder die Schüsseln mit Nudelsalat vom Balkon kippten.

Die Schrullen, die mit Abläufen zu tun haben, betrifft das auch: Es wird dann komisch, wenn sie mit Dritten zu tun haben. Kurz gesagt: Wer ohne exakt 1,5 Seiten zu lesen, nicht einschlafen kann, bleibt Dritten gegenüber weitgehend unauffällig, wer aber die Familie aus dem Zimmer scheucht, sobald alle beim Abendessen die Gabel zur Seite gelegt haben, um endlich zu lüften und diesen Essensgeruch aus dem Zimmer zu bekommen, bevor er sich festsetzt, und zwar jeden Abend – der muss sich eventuell gefallen lassen, dass sich selbige vielsagende Blicke zuwirft. Selbst so erlebt, echt wahr.

Da wirkt es dann nicht so niedlich wie bei der Morgenrock-Pantoffel-Omi, wenn die betreffende Person verkündet, die Meinung anderer Leute wäre ihr egal, im Gegenteil.

Einfache Macken können bei Bedarf durch Gewöhnung abtrainiert werden. Ich habe zum Beispiel L. diese blöde Macke abgewöhnt, vor jeder Mahlzeit – bevor wir uns setzten –, »Sodele, Nudele« zu sagen. Das sagte er nämlich IMMER. Zu Hause und im Restaurant und auch, wenn er mich zu einem Gala-Essen begleitete, und auch, als an unserem Tisch der französische Botschafter mit versammelter Entourage saß.

Ich wurde schon nervös, wenn er den Stuhl zurückzog, um sich hinzusetzen. Sagt er es? Oder sagt er es nicht? Wenn er in dem Moment meinen drohenden Blick sah, riss er sich zusammen. War er aber mit den Gedanken woanders: »Sodele, Nudele.« Es machte mich wahnsinnig.

Einmal, als wir beim Italiener um die Ecke essen waren, kam gerade die Pizza und L. öffnete den Mund: »S...« – weiter kam er nicht. »SAG NICHT SODELE, NUDELE!«, blaffte ich ihn an und die Gäste an den umliegenden Tischen mitsamt dem Kellner mit der Calzone in der Hand sahen mich an, als hätte ICH nicht alle Tassen im Schrank. L. lächelte still in sich hinein und ich hasste ihn die ganze Pizza lang. Das *Sodele, Nudele* konnten wir erfolgreich abstellen. Es war eine Umgewöhnung und ich kam mir zwar blöd vor, aber es hat funktioniert.[2]

---

2 Auszug aus: Alexandra Reinwarth, Am Arsch vorbei geht auch ein Weg, mvg Verlag 2016

Bei der Schrulle sind wir aber auf dem nächsten Level: Der Betreffende ist ja davon überzeugt, komplett rational und richtig zu handeln. Bei »Sodele, Nudele« stehen die Chancen gut, dass das Gegenüber den Handlungsbedarf einsieht. Wenn das Gegenüber aber überzeugt ist, das Wissen um die einzig wahre Methode der Spülmaschineneinräumung innezuhaben, wird es schwierig. Gegen die Argumente an sich ist man ja meist machtlos. Und was noch blöder ist: Bei anderen weiß man total klar, was eine Schrulle ist und was vernünftig, nur bei einem selbst – well.

Auch ich bin der Überzeugung, das Wissen über ein paar einzig wahre Methoden zu haben, und sie betreffen außer der Wäsche (und dem korrekten Zusammenlegen selbiger) noch die Lebensbereiche Autofahren, Wundversorgung und alles über die Zubereitung von Gulasch. Heißt, wenn L. sich dranmacht, Fleisch zu schneiden, und anfängt, Gemüse zu bräunen, versuche ich im Gulasch-Fall, das Ganze an mich zu reißen. Und es gibt noch einige Dinge, auf die wir jetzt gar nicht näher eingehen wollen, wie zum Beispiel, dass L. immer falsch den Rasen mäht, nämlich kreuz und quer statt in geraden Bahnen. Denn ja, das sieht man hinterher!

Die Schwierigkeit bei diesen Schrullen ist zu unterscheiden, wann es völlig in Ordnung ist zu sagen: »Das geht mir am Arsch vorbei, die Schrulle lass ich so«, und wann es angebracht ist, sich selbstkritisch zu beäugen. Oder zumindest denjenigen zu vertrauen, die so nett sind, einen hin und wieder kritisch zu beäugen.

Kommt man zu dem Schluss, dass es sich eventuell nicht um eine liebenswerte Eigenart, sondern um eine ausgewachsene Schrulle handelt, die Dritte betrifft und diesen Dritten auch noch auf den Sack geht: keine Sorge. Man kann sich umprogrammieren. Die Veränderung einer geliebten Schrulle dauert etwa sechs

Wochen, so lange braucht unser Hirn, um die Möbel in den Gehirnhälften so umzustellen, dass die Schrulle keinen Platz mehr hat. Wer zum Beispiel immer die Fußmatte vor seiner Wohnungstür gerade rückt und dies auch tut, wenn er Besuch bekommt – »Komm schon mal rein!« –, und dann kurz den Schritt ins Treppenhaus macht, um sie schnell mit dem Fuß in die korrekte Position zu bringen – »Damit niemand drauf ausrutscht« oder »kein Dreck unter der Tür in die Wohnung kommt« –: Herzlich willkommen.

Ebenso wie Anne, die vehement ihre Ordnungsmacke verteidigt: Wenn man sich mit Anne ein Hotelzimmer teilt, dann kuschelt man sich nach einem letzten Wein in die weißen Laken, dreht sich rum und dann fängt Anne an: Sie klappt die offenen Koffer zu, die Schuhe werden in Reih und Glied gestellt, die Klamotten aufgehängt, die Decken zusammengelegt und die Zeitschriften auf dem Tisch sortiert. Die großen nach unten, die kleinen nach oben. Anne mag keine offenen Taschen und keine Reißverschlüsse sehen, der Stuhl wird an seinen korrekten Platz geschoben und die Handtücher im Bad, die hängen auch schief! »Es soll doch schön sein«, entschuldigt Anne ihren Ordnungsfimmel, aber sie will es nicht schön haben – sie hat eine Schrulle. »Wenn du es nicht machst, was ist dann?«, fragte ich sie und sie musste zugeben: »Dann ist das, als stünde ich neben einem Kind, das gerade die Hand auf die Herdplatte legen will und ich darf nichts tun«, war ihre bildreiche Antwort und das ist die schönste Beschreibung dafür, wie Schrullen einen beherrschen. Das Blöde an Annes Ordnungstick: Sie macht das auch, wenn sie sich gerade frisch verliebt hat und der Glückliche in ihrem Bett gelandet ist. Sie beschränkt sich da nicht mal auf ihre eigene Wohnung. Und wenn der Glückliche so lange bleibt, bis die erste Verliebtheit rum ist, dann gibt Anne zu, dass sie ihn auch anschnauzt, er möge doch bitte mal aufräumen. Das könne doch nicht so schwer sein.

»Das ist ja krankhaft«, sagte übrigens die Fußmatten-Tante zur Ordnungsmacke von Anne – befand aber ihre Fußmatten-Nummer für völlig normal. Sogar ihr Bedürfnis, auch bei den Nachbarn die Fußmatten gerade rücken zu wollen, empfand sie als natürlich. In meiner Fantasie ging sie in der Zukunft irgendwann die ganze Straße entlang, klingelte und sagte so etwas wie: »Huhu, ich bin die von Nummer sieben, machen Sie mir auf? Ich würde gerne Ihr Treppenhaus in Ordnung bringen!« So kann es nämlich enden.

»Anne, wir müssen reden«, befand ich damals auch. Ich bin nämlich ihr Gegenüber, ich sehe Handlungsbedarf und es ist wirklich angebracht, diese Ordnungsmacke kritisch zu beäugen, da muss sie mir vertrauen. Das ist das Gute an alten Freunden: Man weiß, sie sind einem wohlgesonnen. Und man kann das Gesagte überprüfen: Als wir nach dem Anne-Ordnungstick-Gespräch im Café Einstein saßen, stieß Jana zu uns, unsere liebe Freundin und Kumpanin.

»Alex meint, ich müsste was gegen meinen Ordnungstick machen«, jammerte Anne auch gleich los und sah Jana hoffnungsvoll an, aber diese schmetterte sofort ab: »Das wird auch echt Zeit!«

Wenn Ihre Freundin so etwas sagt, vertrauen Sie ihr. Sie will nur Ihr Bestes.

VERÄNDERUNGEN ... IM KLEINEN UND IM GROSSEN

Einer der Gründe für Schrullen ist, dass man generell nicht mehr so viel Bock auf Veränderung hat. Während früher Paule für zwei Wochen zu Besuch kam und man sich ohne Weiteres Matratzen, Bier, Handtücher und Küchentisch teilte, ist das heute mein ganz persönlicher Albtraum.

Obwohl ich mit Paule immer noch gerne am Küchentisch sitze, bin ich froh, dass Paule am Ende des Abends in seine Wohnung verschwindet, statt sich in Unterhosen in meinem Bad die Zähne zu putzen.

So kommt er meinem allabendlichen Ablauf nicht in die Quere, der aus den Komponenten Lichter ausmachen, Nachthemd anziehen, Fenster kippen und ins Bad gehen besteht. Kommt dieser Ablauf durcheinander, kann es gut sein, dass ich überspitzt gesagt mit Jeans im Bett liege, dafür die Zahnbürste zum Lüften rausgelegt habe.

Abläufe geben Sicherheit, sie sind gemütlich und ich zumindest freue mich auf meine kleinen Rituale. Ich will nicht vor dem Bad warten, bis Paule rauskommt, oder mich beeilen, weil er nach mir eben dorthin will, und ich mag mir keine Gedanken machen, ob das Nachtgewand zu alt, zu durchsichtig oder sonst irgendein ›zu‹ ist. Mir gefällt, wenn ich das machen darf, was ich am liebsten tue:

Alles so wie immer machen.

Ich will nicht, dass sich lieb gewordene Dinge oder Abläufe ändern, und manchmal muss ich aufpassen, dass ich mich nicht mehr darüber aufrege, dass das Fernsehprogramm gewechselt hat, als über den Welthunger.

Die Spontanität früherer Tage:

»Was machen wir heute zum Abendessen?«,

»Keine Ahnung, was haben wir noch da?«, ist mir heute ein Graus.

Vielleicht habe ich auch einfach zu oft Senfbrote gegessen, jedenfalls möchte ich das nicht mehr. Es soll eingekauft sein, es soll gekocht werden und ich weiß gerne vor dem Öffnen des Kühlschranks, was sich darin ungefähr befinden könnte.

Ich weiß auch gerne vorher, wenn Besuch vorbeikommt, und das Wort ›spontan‹ hat im Zusammenhang mit ›Besuch‹ in meinen Ohren einen leicht bedrohlichen Klang. Eigentlich auch in jedem anderen Zusammenhang. Ich will mich auf Situationen, Leute und Umstände einstellen, mein Hirn verlangt nach dieser Vorbereitungszeit.

Auch mit Überraschungen stehe ich auf Kriegsfuß:

- »Überraschung, ich habe einen Kurztrip nach Ottensoß gebucht!«
- »Überraschung! Ich habe Karten für die dreistündige Hanswurst-Oper gekauft!«
- »Überraschung! Ich habe uns den Film *Drei Hanswürste in Ottensoß* ausgeliehen!«

Sie verstehen das Prinzip? Überraschungen gehen oft in die Hose, einfach weil sie entweder etwas beinhalten, was man nicht möchte, oder weil sie den Tagesplan durcheinanderbringen. Ehe man sich versieht, geht es einem dann wie meiner Oma Hermine, sie ruhe in Frieden:

Mit der war es praktisch unmöglich, irgendeinen Termin auszumachen, denn Oma Hermine war schwer beschäftigt: ob Einkauf, Arztbesuch oder Kaffeeklatsch – irgendwas war immer. Und dieses irgendwas hat dann diesen Tag in Anspruch genommen und konnte nicht verschoben werden. Das führte so weit, dass meine Mutter (berufstätig), ich (berufstätig) und das Kind (nicht berufstätig, aber ebenfalls mit starrem Tagesplan) Termine, Arbeitszeiten und im Fall des Kindes Schlafenszeit verschieben mussten, weil Hermine eben vor 16 Uhr nicht kann. Weil – und jetzt kommt‹s: UM 15.45 UHR DIE WASCHMASCHINE FERTIG IST UND SIE DANN DIE WÄSCHE AUFHÄNGEN MUSS!

Hermine ist das Mahnmal aller Schrullen. Trotzdem:

Von einem völlig improvisierten Leben bin ich entgegen aller meiner Voraussagen genauso wie die meisten, die ich kenne, in ein mehr und mehr organisiertes Leben gerutscht, und es gefällt mir – mach was.

Das heißt nicht, dass ich mich nicht auch freue wie ein kleines Kind, wenn Besuch kommt, der ein paar Tage bei uns zu Hause bleibt: Dabei handelt es sich ja meistens um Herzchen, die man nicht so oft sieht, und das vergrößert die Vorfreude um ein Vielfaches, aber: Nach ausgiebiger Freude, langen Gesprächen, gemeinsamen Erinnerungen und jeder Menge Pläne will ich nach einigen Tagen gern mein Leben zurück – also mein normales Leben mit meinen normalen Abläufen und ohne morgens schon vor dem Kaffee sozial interagieren zu müssen. Nach drei Tagen stinkt der Fisch – sagen wir es, wie es ist. Das liegt nicht daran, dass man ein schlechter Mensch ist, das hängt sogar, in zugegeben etwas abgemilderter Form, als Spruch in einem Kloster (Altenberg) aus:

> *Ihr sollet gegen jedweden Gastfreundschaft üben, doch wenn ein Gast länger als drei Tage bei Euch verweilet, so könnt ihr mit der Gastfreundschaft langsam nachlassen.*

Es ist dieser Hang zum *Alles soll wie immer sein*, der die Euphorie über den Besuch von Freunden nach ein paar Tagen eintrübt, und ich verrate Ihnen hier und jetzt einen Tipp, den ich von meiner lieben Freundin Hélène habe und der sich weiß Gott schon bewährt hat:

> *Stelle nie, nie, nie in deinem Gästezimmer einen Schrank auf.*

Der gefürchtetste Besuch von allen, der Familienbesuch, hat in seiner emotionalen Sprengkraft übrigens nichts mit dem Alter zu tun: Der stresst immer. Da geht es weniger um die Länge der Zeit als die Tiefe der Beziehung, denn wer auch immer aus der Familie kommt, er bringt die ganze Familiengeschichte mit. Je höher der Verwandtschaftsgrad, desto stressiger kann es werden. Meine Mutter zum Beispiel kommt alle paar Monate zu Besuch und dann gleich für mindestens ein bis zwei Wochen. Wenn man sich schon nicht so oft sieht und die Anreise lang ist, macht das ja auch Sinn. Ich freue mich auch wie eine Irre auf sie, ich krame die knopffreie Bettwäsche vor (wenn ich es nicht vergesse), bereite das Gästezimmer vor, überlege, was es zu essen gibt, ich mache alles sauber, damit sie sich wohlfühlt, und denke mir aus, was wir unternehmen könnten. Aber noch auf dem Weg vom Flughafen zu uns nach Hause, noch bevor wir die Stadtgrenze passieren, raufe ich mir schon das erste Mal die Haare, innerlich. Das ändert aber nichts daran, dass ich mich nicht jedes Mal wieder freue wie verrückt.

Warum sich dieser Hang zum *Alles soll wie immer sein* überhaupt so breitmacht, hat vielleicht damit zu tun, dass einem generell Veränderungen schwerer fallen. Im Kleinen wie im Großen. Man wird vorsichtiger, ängstlicher und hält an Gewohnheiten fest. Neuerungen steht man skeptisch gegenüber und irgendwann schlägt man sich die Hand vor den Mund, weil man beinahe gesagt hätte, *dass so ein neumodisches Zeug unnütz ist und früher hätte es das auch nicht gegeben.*

Das alles macht Veränderungen schwerer. Kleine Veränderungen und große Veränderungen:

Zum Beispiel die Entscheidung, umzuziehen. War keine große Sache. Ich kann mich an Zeiten erinnern, da war jedes Wochenende Umzug. Hänschen zog zu Paul, Lisa zu Kalle und dann fing Kalle was mit Lisa an und hast du nicht gesehen, flogen die Fetzen und Lisa zog zu Hänschen, Paul zu Kalle und alles war gut – bis Nadine auf der Bildfläche erschien ... Alles drehte sich um Liebe und Sex, nicht abgewaschenes Geschirr und namentlich beschriftete Joghurts, die aus dem Kühlschrank verschwanden, und aus all dem entstand genügend Sprengstoff, um das Umzugskarussell am Laufen zu halten.

Dass man heute einen Umzug in Erwägung zieht, dazu braucht es schon triftige Gründe. Ein kurzer Vergleich:

Gründe für einen Umzug früher	Gründe für einen Umzug heute
Der Mitbewohner schnarcht.	Die neue Liebe ist in einer anderen Stadt und will partout nicht umziehen.
Die neue Haarfarbe passt nicht zur Küche.	Der neue Job ist in einer anderen Stadt und will partout nicht umziehen.
Gegenüber wird so laut renoviert.	–
Das Horoskop empfiehlt Veränderung.	–
Alles Geschirr ist schmutzig.	–

Wenn ich früher an einen Umzug dachte, stellte ich mir als Erstes die neue Wohnung vor: Was wohin kommt, wie es sein würde und ob ich nicht eine Wand Himbeerfarben streichen sollte. Wenn ich heute an einen Umzug denke, sehe ich als Erstes vor meinem inneren Auge den Berg an Kisten, die ich packen müsste, die Amtsgänge, die ich erledigen müsste, überhaupt alle Anstrengungen, die die Sache mit sich brächte – und dann lasse ich den Gedanken lieber sein und mache mir noch einen Kaffee. Das ist die pure Bequemlichkeit und mitunter auch ein Grund, warum viele Leute bei ihrem Lebenspartner bleiben: die Kisten, die man sonst packen müsste, die Amtsgänge, die Anstrengungen …

Unterscheiden kann man zwischen Abweichungen vom Alltag und Gewohnheiten (siehe Paule und die Badezimmerproblematik) und: Neu-Ausrichtungen. Zum Beispiel, wenn sich die Ansprüche und Vorlieben im Laufe des Lebens ändern. Ein großer Bereich, der bei vielen nach Veränderung schreit, ist ihr Beruf.

In der Arbeit, mit der wir ja schließlich den Großteil unserer Tage verbringen, ist der eigene Wandel besonders gut zu sehen: Zu Anfang war ein Beruf noch keine Option, mit der Zeit fand man die Zusammenhänge von Erwerbsarbeit und den Konzepten ›Essen‹ und ›Wohnung‹ dann doch recht schlüssig und plötzlich hatte man einen Job. Unter Umständen für lange Zeit, vielleicht ja bis zum Rentenalter.

Wenn mithilfe von Veränderungen nicht auf den eigenen Wandel reagiert wurde, dann sitzt beispielsweise der lang gediente Beamte plötzlich in einem lichten Moment vor einem Kunden bei der Arbeit und denkt: Ich weiß nicht mehr genau, was ich damals in der Berufsberatung gesagt habe – aber irgendwas ist da schiefgelaufen. Und dann erinnert er sich zurück und erkennt: Mit 17 wollte er tatsächlich unbedingt *was mit Menschen* machen. Das ging auch lange gut, aber inzwischen findet er halt vielleicht eher Pflanzen toll. Trotzdem hat er den Job nicht gewechselt – und das muss man als Kunde dann halt ausbaden.

Dass Veränderungen so schwerfallen, ist aber nicht nur der überaus gemütlichen Bequemlichkeit in die Schuhe zu schieben, sondern es ist ja auch so: Wenn man sich durchringt und eine Veränderung im Job anstrebt, dann kann der Plan ja auch schiefgehen. In jungen Jahren ist das kein Problem – es läuft nicht? Aus dem neuen Job wird doch nichts? Oder man wird nach der Probezeit nicht übernommen? Das geplante Projekt *Secondhand-Laden mit veganem Café und Kinderbetreuung* kommt nicht so richtig in die

Hufe? Dann fährt man eben solange Taxi! Oder bedient in einer schicken Kneipe! Das ist kein Problem, solange man noch einigermaßen jung ist. Das ist sogar lustig, man lernt viele Leute kennen, die ebenfalls große Pläne haben, und man kann sich frei fühlen, weil diese Jobs zwar Geld bringen, aber man keine große Verantwortung übernehmen muss. Man ist kurz davor, dass das Leben so richtig losgeht, die Zukunft wird mal toll.

Wenn man aber nicht mehr jung ist, ist die Zukunft schon da und so toll ist sie nicht – sonst wäre man nämlich nicht gerne woanders. Das Leben ist nicht mehr cool, es ist nicht mehr lustig und die Leute, die man kennenlernt, hoffen, dass sie nicht so enden wie man selbst. Außerdem reicht das Geld aus dem Kneipenjob zwar für ein Studentenzimmer und Bier, aber eben nicht für die Hunde-Haftpflichtversicherung und die Lebenshaltungskosten von jemandem, der schon mal verschiedene Gläser für Weißwein und Rotwein im Schrank stehen hatte.

Wenn man sich also vorstellt, mit dieser blöden Lesebrille auf der Stirn in einer Kneipe junge BWL-Studenten zu bedienen – und allein bei dem Gedanken, acht Stunden stehen zu müssen, tut einem schon der Rücken weh –, zieht man es eventuell vor, im Büro sitzen zu bleiben. Ob der Job jetzt doof ist oder nicht, sitzen ist sitzen.

Zu einem nicht näher bestimmbaren Zeitpunkt ist nämlich die stete Sorge von Tante Marta: »Was soll bloß aus dir werden?«, die eigene Sorge geworden: »Was soll bloß aus mir werden?« Damit lebt es sich nicht mehr so leicht in den Tag hinein und Entscheidungen werden schwerer gefällt. Manchmal trifft man zwar auf Leute, die immer noch extrem salopp unterwegs sind, die keine Angst haben und auch alles mit links sowohl schmeißen als auch hinschmeißen, wenn ihnen danach ist, aber da gibt es meist besondere Umstände …

Unser Freund Robert zum Beispiel ist Mitte fünfzig und jobbt sich immer noch durchs Leben. Er macht Schreinerarbeiten – sofern sie ihm gefallen und er Lust hat –, er macht Umfragen am Telefon und was eben noch so kommt. Außerdem fährt er jedes Jahr zum Klettern und zum Tauchen, sein Auto ist immer noch ein Bus mit Schlafmöglichkeit, und wenn er Lust hat, dann bleibt er auch einen Monat länger in Südamerika. Er ist immer gut drauf und seine Leichtigkeit ist ansteckend: Wenn man Robert trifft, ist man selbst auch gleich viel besser drauf. Ich bewunderte seine Sorglosigkeit und einmal fragte ich dann genauer: Ob er sich denn keine Sorgen machen würde, was mal aus ihm wird (Nein), ob er denn in eine Rente einzahlen würde (Nein), und kurz bevor ich mir dachte, er ist vielleicht einfach ein bisschen beschränkt, fragte ich, warum nicht – und dann kam es: Robert erbt mal ungefähr eine Million Euro.

So geht Leichtigkeit natürlich relativ einfach – wobei es, das muss man ihm zugutehalten, natürlich umgekehrt auch jede Menge Leute gibt, die trotz ähnlicher Aussichten verbitterte, sorgenvolle Krampfgeier werden.

Von dem Umstand, dass uns Veränderungen so schwerfallen und je älter wir werden sogar immer schwerer, profitieren jede Menge Schamanen, Therapeuten, Persönlichkeitsstrainer, Coaches und Horoskop-Spezialisten: Ein großer Teil von deren Kundschaft sucht nämlich einfach nach Bestätigung für eine Entscheidung. Alleine trauen sie sich nicht, aber wenn das persönliche Krafttier diese bestätigt, dann vielleicht.

»Wenn jemand fragt, ob er seinen Job hinschmeißen und sich selbstständig machen soll«, hat mit mal eine sehr freundliche Schamanin erzählt, »hat er die Entscheidung eigentlich schon getroffen. Er braucht nur Bestätigung.«

Er hat sich schon vorgestellt, wie er es anstellen müsste, was er tun oder lassen müsste, wie er vorgehen würde, wie sich alles entwickeln sollte, und in seinem Kopf hat er schon das Bild gesehen, das für ihn sinnbildlich ist: Vielleicht ist das er in Bademantel, mit dem Kaffee auf dem Nachttisch und dem Laptop auf dem Schoß, gemütlich im Bett sitzend. Oder er sieht sich gut gelaunt in seinem Auto zu einem Mittagessen mit einem Kunden fahren – was man sich eben so vorstellt. Wenn nun die Horoskop-Tante sagt: »Nee, das wird nix, bleiben Sie mal lieber bei Ihrem Schichtdienst an der Stanzmaschine«, dann geht derjenige unbefriedigt nach Hause. Deswegen werden Ratsuchende in solchen Situationen immer in ihrer Entscheidung bestärkt von den Sternen, Engeln, Krafttieren oder welche höhere Macht die Ratgeber sonst so beschwören.

Wer solchen Veranstaltungen nichts abgewinnen kann, ich zum Beispiel, ist nicht selten geneigt, ein überhebliches Lächeln aufzusetzen und sich mit erfundenen Sternzeichen (Brikett, Krokodil ...) oder erfundenen Engeln (Sankt Gallen, Heiliger Bimbam ...) über den Hokuspokus lustig zu machen. Das Lächeln vergeht einem aber wieder, wenn man sich klarmacht, dass Besagte wenigstens versuchen, etwas zu verändern. Wie in diesem Zitat, das Albert Einstein untergeschoben wird:

> *Die reinste Form des Wahnsinns ist es, alles beim Alten zu belassen und zu hoffen, dass sich etwas ändert.*

... was haargenau dem Konzept entspricht, nach dem meine Diäten funktionieren.

Deswegen sehen wir auch so gerne Geschichten über Leute, die ihr Leben noch mal so richtig umgekrempelt haben – der Wall

Street Businessman, der eine Tauchschule auf Französisch-Polynesien eröffnet hat, und die Staatsanwältin, die jetzt im buddhistischen Kloster lebt. Da bekommt man so ein bisschen das Gefühl, man selbst könnte auch noch mal ein neues Leben anfangen und Mustangs züchten oder was man eben toll findet. Dieser Kitzel der Vorstellung, was man alles könnte, wenn man wollte, ist toll. Damit sich das dann nicht in ein schlechtes Gewissen verwandelt, weil man nicht tut, wie man will, kann man immer noch Auswanderer-Sendungen gucken.

Deutschland, so habe ich den Eindruck, ist eh einmal komplett vom Sofa aus ausgewandert. Das ist der beste Platz, um alle Peinlichkeiten der Auswanderer genau zu verfolgen. Es gibt doch nichts Schöneres, als Leute zu beobachten, die in einem Land, dessen Sprache sie selbstverständlich nicht sprechen, keinen Job kriegen und im portugiesischen *Supermercado* verzweifelt nach Crème fraîche suchen. Da kann man sich gleich noch ein bisschen tiefer in die Kissen kuscheln und sich sicher sein, dass man es doch so schlecht nicht getroffen hat.

LIEBE UND BEZIEHUNG

Liebe und Beziehung stehen hier getrennt, weil meiner Beobachtung nach die beiden nicht immer eine Einheit bilden. In meinem Umfeld wimmelt es nur so von Beziehungen, aber Liebe – nun. Vielleicht kommt sie ja wieder, denken sich viele, und wursteln weiter vor sich hin.

»Sex hatten wir das letzte Mal, als unser Kleiner gezeugt wurde«, verrät mir mein lieber Freund K., und der ›Kleine‹ ist heute neun … aber genau wegen dem Kleinen will er sich eben auch nicht trennen. Dann lieber eine Art Wohngemeinschaft, Sex wird eh überbewertet und jetzt ist es eben so und wer weiß – vielleicht wird es auch noch mal anders …

Viele Paare stellen ihre Beziehung zueinander während der Kinderaufzucht hintenan und vielleicht ist das nicht die schlimmste Form der Beziehung.

Der häufigste Satz, den meine Freundin Jana, ihres Zeichens Single, in Bezug auf Liebe sagt, ist: »Ich bin zu alt für den Scheiß.«

Damit meint sie nicht die Liebe, sondern es ist ihre Reaktion auf die mitunter erheblichen Mängel, die ihren Liebhabern so anhaften. Jana ist seit Ewigkeiten Single, immer mit verschieden langen Unterbrechungen, die Jens, Hannes, Kosta oder Sven heißen und die zu Beginn immer mit der potenziellen Möglichkeit ins Rennen gehen, *der Eine* zu sein. Denn Jana will den Einen oder keinen, wobei es, so wie die Sache läuft, eher nach *keinem* aussieht.

Meistens ist sie sich nicht sicher, ob die Intensität der Liebe ausreicht, damit er es zum *Einen* schafft, und dann sieht sie irgendwie keinen Sinn mehr darin, das Ganze fortzuführen – wo doch vielleicht irgendwo der Eine gerade an einer Theke steht und auf sie wartet. Jana schüttelt manchmal selbst den Kopf, wenn sie über ihre ganzen Beziehungsanfänge nachdenkt, ist dann aber auch so selbstbewusst zu sagen: »Das soll das Angebot sein? Da lachen ja die Hühner.« Damit hat sie statistisch gesehen natürlich recht. Gebildete Männer, schlagfertig, ungebunden, einigermaßen gut aussehend, zwischen 40 und 50, sind schwerer zu finden als ein Parkplatz in der Münchner Innenstadt. Außerdem stehen die wiederum auf ungefähr acht Jahre jüngere Frauen, was Jana genau zwei Alternativen lässt, die wissenschaftlich formuliert so lauten: Man muss als Frau mittleren Alters Abstriche bei der Augenhöhe machen oder die Altersgrenze nach oben korrigieren. Was in Janas Worten so klingt: »Entweder ich nehme einen Trottel oder einen alten Sack.« In jedem Fall hat sie allen Grund, sich zu beschweren. Wenigstens hat sie die Hoffnung noch nicht aufgegeben, denn dann wird es richtig traurig.

Ein ganz wunderbarer Spruch, der die Abgeklärtheit vieler Singles vorgerückten Alters umschreibt, ist:

> *Ab einem gewissen Alter verliebt man sich nicht mehr, da sucht man nur noch nach jemandem, der nicht nervt.*

Aber egal, wann oder wie man einen Partner sucht, die Beziehungssache verkompliziert sich ganz von alleine nach einigen Jahren. Es ist ja auch elend: Da meint man erst, man muss nur den Richtigen finden, dann stellt man nach intensiver Suche fest, dass es den Richtigen gar nicht gibt, geht davon aus, dass es nur so halb Richtige gibt, die man hinbiegen muss, und schließlich geht einem auf, dass ›Hinbiegen‹ Quatsch ist, denn zum einen sind Leute nicht gut biegbar und zum anderen will man ja auch gar nichts Verbogenes. Und dann wird es richtig kompliziert. Erklärt einem aber vorher auch niemand.

Es ist vertrackt und ein nicht geringer Teil der Bevölkerung bleibt immer wieder bei irgendeiner dieser Stationen hängen, oft schon bei Stufe 1: der intensiven Suche.

Eine gängige Entwicklung ist diese:

Nach mehrmaligem Verlieben, Entlieben, Verlassen und Verlassen-Werden hat man keinen Bock mehr auf Drama. Die ewige Wiederkehr von Dates, Herzklopfen, sich verliebt füttern, ersten Problemen und »Du Arschloch!« ist anstrengend und man bekommt Sehnsucht, endlich mal in einem Hafen anzukommen, in dem man gemütlich liegen bleiben kann. Die Suche ist ja auch anstrengend, und die Auswahl ist unübersichtlich.

Das ist ein bisschen so wie im Supermarkt vor dem Marmeladenregal: Eigentlich will man nur eine leckere, normale Himbeermarmelade und dann steht man vor drei Metern Regal voller Himbeermarmeladengläsern. Nimmt man nun die mit dem Bio-Siegel oder lieber die mit den Stückchen drin? Die mit dem hübschen Etikett wäre auch toll, aber die ist eben nicht bio, und dann gibt es noch die Markenmarmelade und eine, die besonders günstig ist, von der ist leider die Verpackung scheußlich ... und so geht das immer weiter. Da investiert man immens viel Zeit in das Studium von Marmeladengläsern und am Ende hat man das beste ausgewählte Glas zu Hause und es schmeckt einfach eben doch bloß nach: genau, Himbeermarmelade.

Irgendwann ist es auch mal gut mit der unermüdlichen Suche nach der perfekten Marmelade, man hat schließlich auch noch anderes zu tun im Leben und man möchte dieses Kapitel bitte abschließen.

Dann verliebt man sich wieder und es läuft ganz gut und so darf es jetzt bitte immer laufen und man spricht über Zukunft und wenn der andere auch durch ist mit der Marmeladensucherei, dann tut man irgendwas extrem Zukunftsmäßiges. Heiraten oder eine Immobilie kaufen oder ein Kind bekommen oder alles nacheinander. Die Liebe ist groß, alles ist gut und die Beziehung wird zu einer echten Partnerschaft. Man zieht gemeinsam an diversen Strängen, man funktioniert gut und genauso kameradschaftlich, wie es klingt, wird es auch mit der Zeit: Der Sex wird weniger, dafür wird mehr auf dem Sofa vor dem Fernseher gekuschelt.

Meine Freundin Dagmar hat das genauso gemacht. Sie bekam mit ihrem Dennis eine Tochter, zog mit beiden in ein Häuschen mit Carport und blieb zu Hause. Klar würde sie auch wieder arbeiten gehen, aber jetzt, wo das Baby da ist, machen wir es uns mal nett zu Hause. Es wurde die Bude dekoriert und schön gekocht, Dagmar entdeckte das Einkochen für sich und traf sich in ihrer Freizeit mit anderen Müttern und sprach über Milchersatz und Bindegewebe. Es war so gemütlich wie die flauschigen Hasenpuschen, die sie zu Hause trug.

Aber irgendwann gab es diesen Moment, ab dem alles schieflief.

Sie ging zu einem dieser Treffs für Babys und statt die Kinder da abzuliefern und in die nächste Bar einzulaufen, sollten die Mütter sich in einem Nebenraum über ihren Alltag mit Baby austauschen.

Also die einzigen eineinhalb Stunden des Tages, an dem die Kinder in liebevoller Obhut waren, sollten sie nicht etwa ein Buch lesen, den Wirtschaftsteil der Zeitung durchsehen, duschen oder einfach mal eine Weile aus dem Fenster starren – sie sollten über die Babys reden. Über ihre Probleme mit den Babypfunden oder dass man im Haushalt nicht so viel schafft wie gedacht etc. Nebenbei sollten kleine Bastelarbeiten gemacht werden, in diesem Fall wurden kleine Pappschachteln mit bunten Bändern beklebt und verziert, die zu Hause zur Aufbewahrung von Spielsachen oder Windeln benutzt werden könnten.

Da keimte in Dagmar dieser Gedanke, der langsam, aber sicher einen Keil zwischen sie und ihr Carport-Kuschel-Leben trieb: Warum, fragte sie sich, sollte sie diese kostbare Zeit ohne Kind mit den Babypfund-Problemen anderer Mütter und der Produktion von unnützem Schrott verwenden?

Es fing an zu arbeiten in Dagmar und dann explodierte sie irgendwann im PEKiP-Kurs[3]. Sie hatte an dem Morgen, entgegen vieler anderer Morgen, Zeit gehabt, Zeitung zu lesen, und sie hatte die Nachrichten noch nicht gut verdaut. Es ging mal wieder um Elend und Bomben und internationale Verstrickungen und am

---

3 **P**rager-**E**ltern-**Ki**nd-**P**rogramm: Das ist der erste Kurs, den ein Baby belegen kann. Dabei sitzen sechs bis acht Erwachsene (Mütter, sagen wir es, wie es ist) mit ihren Babys in einem warmen Raum auf Matten. Die Kinder werden nackig ausgezogen, man singt gemeinsam einen Klassiker wie ›Mh mh macht der kleine Frosch am Teich‹, dann gibt es noch Seifenblasen, und es wird sich unterhalten. Insgesamt achtmal, einmal die Woche, 90 Minuten, macht 125 €.

liebsten hätte sie direkt einen sehr starken Schnaps in sich hineingestürzt. Stattdessen saß sie bei sehr dünnem Tee zwischen anderen Müttern und deren speckbeinigen Babys und gerade, als sie die Augen zukneifen und die Zunge rausstrecken und dabei ›*Mh mh macht der grüne Frosch*‹ singen sollte, kam sie sich so bescheuert vor, dass sie anfing zu reden:

Dass da draußen der Teufel los sei und sie rede hier nicht vom Haushalt, und dass es doch nicht sein könne, dass man im Angesicht der Weltlage nur noch Popöchen sauber mache und nach süßen Spucktüchern mit Eulenmotiven google und ansonsten *Mh, mh macht der grüne Frosch* sänge – was ganz abgesehen von der Weltlage eines der beknacktesten Lieder wäre, die sie je gehört hätte. Sie könne auch denken und sprechen und, und … – sagen wir, sie war etwas durcheinander an diesem Morgen.

Aber auch am nächsten Morgen und am übernächsten machte sich wachsender Unmut in ihr breit. Ihrem Mann Dennis war nicht ganz klar, was sie plötzlich hatte, und schob alles auf die Hormone, aber nach etwas Bedenkzeit stand für Dagmar fest: Sie wollte wieder in ihren Job. Obwohl die meisten Leute in ihrem Umfeld besorgt die Stirn kräuselten und fragten, ob das mit dem Baby in Einklang zu bringen sei – was lustigerweise niemand ihren Mann Dennis fragte –, zog sie es durch.

Mit dem ersten Arbeitstag war sie nun berufstätige Mutter, das heißt, sie arbeitete, schmiss den Haushalt und war immer noch die Einzige, die wusste, an welchem Wochentag man was in die KiTa-Tasche packen musste und welche Kleidergröße das Kind hatte. Überraschung: Das lief nicht gut. Dennis sollte also einen Teil des Haushalts übernehmen und einen Teil der Verantwortung für das Kind. Auch das lief nicht so gut und wenn Dagmar abends nach einem langen Tag bepackt mit Tüten für das Abendessen nach Hause kam und eine verdreckte Küche vorfand und das Kind in Straßenschuhen auf dem Sofa hopsend, auf dem Dennis gerade Zeitung las, dann bekam sie hie und da einen Wutanfall. Dennis schob auch das auf die Hormone und so ging es dahin. Beide waren alsbald so voneinander genervt, dass es nicht nur keinen Sex mehr gab, sondern jede Interaktion auf das Mindeste begrenzt wurde.

Die Abende wurden getrennt voneinander verbracht: einer am Computer, einer vor dem Fernseher, und wenn einer ins Bett ging, schlief der andere schon.

Dagmar fiel nur noch auf, was Dennis nicht machte beziehungsweise falsch machte, und Dennis fiel auf, dass Dagmar nur noch nörgelte. Ein Streit folgte dem anderen und nach den Streitereien gab es keine Versöhnungen mehr und keine Aussprachen, sondern sie waren einfach eine Zeit lang beleidigt und kehrten dann, wenn sich die Wut gelegt hatte, stillschweigend wieder zurück zu ihrem normalen Umgang miteinander. Der normale Umgang war eine Art Waffenstillstand, bei dem beide im Alltag funktionierten, auch vor Fremden durchaus freundliche Gastgeber sein konnten, sich aber gegenseitig nichts mehr zu sagen hatten. Waren nach einem Abend mit befreundeten Eltern die Gäste aus dem Haus, setzte sich der eine vor den Computer und der andere vor den Fernseher.

Beide wurden in der Körpermitte etwas rundlicher, beiden fiel das auf und keiner von beiden hatte irgendwie Zeit und Lust, etwas dagegen zu unternehmen. Sie dachten aber dafür vermehrt an die Sache mit der Himbeermarmelade zurück und ob eine andere nicht doch besser gewesen wäre. Es war außerdem kaum Zeit, sich mal mit Freunden zu treffen, also mit den ein, zwei Freunden, denen man den ganzen Schlamassel gerne anvertraut hätte – meist trafen sie sich nur mit anderen Eltern, mit denen sie dann oft zu tief ins Glas schauten, ganz nach dem alten Gesetz:

Wenn Herz und Kopf Probleme haben,
muss die Leber drunter leiden.

Die Beziehung war zu dem Projekt verkommen, das Kind großzuziehen, das Haus abzuzahlen und das Leben zu meistern. Den Pärchen rundherum ging es übrigens nicht viel anders, nicht mal denen ohne Kind, und hie und da wurden die ersten Affären und Trennungen bekannt, der Traum war geplatzt.

Dagmar besuchte eine der getrennten Damen in deren neuer Wohnung: eine kleine Mansardenwohnung in der Stadtmitte, eine Matratze auf dem Boden, eine Kaffeemaschine und ein paar Bücher, mehr gab es nicht. Das Mitleid, mit dem Dagmar in die Wohnung kam, wurde dort aber gar nicht gebraucht: Statt einer deprimierten Verlassenen in ihrer ärmlichen Bude fand Dagmar eine befreite Frau mit strahlenden Augen vor, die vor Aufbruchsstimmung nur so strahlte.

Und da, im Schneidersitz auf der Matratze mit einem Sektglas in der Hand, kam nicht Mitleid, sondern ein ganz anderes Gefühl Dagmars Rücken hochgeschlichen, nämlich ehrlicher und unverblümter Neid. Wäre das Kind nicht gewesen und die Anstrengung so groß, die Kisten etc., sie hätte vermutlich noch am selben Nachmittag in den Sack gehauen.

Das, seien wir ehrlich, ist eine weit verbreitete Beziehungsform zwischen 40 und 50. So leben fast alle Menschen, die ich jemals kennengelernt habe, unterschiedlich sind nur das Ausmaß der Katastrophe und das Alter des Kindes, wenn es eines gibt.

Dann teilt es sich auf in:

- In den Sack gehauen
- Zusammen geblieben, aber jeder lebt sein Leben
- Man probiert es noch mal hinzubiegen, das klappt dann oder nicht (siehe in den Sack gehauen)

Welche dieser Möglichkeiten besser oder schlechter ist, lässt sich nicht sagen, denn das wiederum hängt ja zu einem nicht geringen Teil von dem Exemplar ab, mit dem man sich eingelassen hat. Dagmar hat, falls es Sie interessiert, ihren Dennis schließlich doch noch zum Teufel geschickt, und wäre ich nicht so gut erzogen, ich wäre Fähnchen schwingend mit einer Blaskapelle in der Einfahrt gestanden, als der Umzugslaster kam. Von da an ging es bergauf mit Dagmar und jetzt ist sie freitags und samstags immer mit einer Clique getrennter Frauen unterwegs, die so fest entschlossen sind, sich zu amüsieren, dass es so manchem Mann in der Ü-irgendwas-Disco angst und bange wird. Ich freue mich wirklich für Dagmar, die Trennung war der beste Weg – aber Dennis war halt auch ein Depp.

Mein L. hingegen ist kein Depp, trotzdem waren wir irgendwann an diesem Augen-Rollen-Punkt, und es ist ein Wunder, dass uns selbige nicht irgendwann nach hinten in den Kopf gefallen sind. Natürlich fand ich ihn zu Beginn ausschließlich fantastisch und hinreißend – über viele Jahre hinweg sogar. Aber irgendwann versuchte ich hie und da die Systemeinstellungen von L. etwas zu justieren. »Ich will ihn gar nicht ändern«, tönte ich vor Jana und Anne, »... er wäre nur viel besser, wenn er ein bisschen … – *anders* wäre!« Und so ging es dahin. Dann kam das Kind.

Solange das Kind noch keine zwei Jahre alt war, lief es unerwartet beschissen in unserer Beziehung, allerdings schien das in allen anderen Beziehungen mit kleinen Kindern ähnlich zu sein. Wir waren überglücklich und freuten uns – aber eben nur mit, über und an dem Kind und nicht mehr mit- und übereinander. Eine Art Extremsituation – und das war dann auch der rettende Gedanke: In Extremsituationen fällt man schon mal gar keine Entscheidung, basta.

Aber schließlich kam der Punkt, an dem wir uns unser Desaster genauer ansehen mussten, und da stellte sich heraus:

Wir fanden uns gegenseitig durchaus noch dufte, aber eben nur theoretisch. Praktisch waren wir längst in die Falle getappt, in der sich nicht nur Dagmar, sondern fast alle tummelten, die lange genug beieinanderweilten: Ich nörgelte an allem herum und L. wurde immer stiller, genervter und unsicherer.

Eine kleine Auswahl an Dingen, die ich bemängelte:

L. lässt die Socken, die er abends auszieht, neben dem Bett, unter dem Bett und um das Bett herum liegen. Es ist ein magischer Sockenzirkel, der sich um seine Seite des Bettes zieht. Magisch insofern, dass er immer wieder auftaucht, egal wie oft ich ihn entferne.

NIE tauscht er die leere Klopapierrolle aus: Er stellt einfach eine neue Rolle daneben. L. hat den Klopapierhalter noch nie angefasst, was ich mit einem Fingerabdruck-Lesegerät zweifelsfrei beweisen könnte.

L. räumt nicht auf und putzt nicht. Und behauptet das Gegenteil! Wenn L. sich vornimmt, den Kühlschrank zu putzen, endet es damit, dass der ganze Kühlschrankinhalt ausgeräumt auf dem Küchentisch steht. Will L. das Wohnzimmer saugen, steht die nächsten zwei Wochen der Staubsauger im ungesaugten Wohnzimmer.

L. vergisst jeden Termin, das beinhaltet Abendesseneinladungen von Freunden, Arzttermine, Elternabende und Geburtstage. L. hätte vergessen, das Baby und mich aus dem Krankenhaus abzuholen, wenn ich ihn nicht am gleichen Tag daran erinnert hätte. Seitdem lasse ich ihn vor einem wichtigen Termin jeden Tag mehrmals wiederholen, wann er stattfindet, aber auch das hilft nicht so richtig. Einmal hat er sogar einen zweiwöchigen Urlaub auf den Kanaren vergessen:

Ich: »Ich freu mich so, morgen um die Zeit sitzen wir am Meer!«

L.: »?«

Er kauft immer die falschen Sachen ein. Joghurt mit Stückchen (mag das Kind nicht), fettarme Milch (mag ich nicht), Eier aus Massentierhaltung (mögen Hühner nicht) und Paprikagemüse (mag niemand, nicht mal L.). Wenn L. vom Einkaufen kommt, stehe ich schon mit Alarm an bereit und wenn dann oben aus der Tüte eine rote Paprika oder der falsche Joghurt rausguckte, ist die Stimmung schon im Eimer.

Außerdem vergisst er regelmäßig, mir mitzuteilen, wenn er etwas vereinbart hat. Handwerker und auch Gäste sehen sich mitunter einer sehr verdutzt dreinblickenden Alex gegenüber, die noch in ihren kuscheligen Bademantel gekleidet ist. L. befindet sich dann gerade sonst wo, siehe oben: *L. vergisst jeden Termin.*

Handwerkliche Aufgaben in der Wohnung, die in L.'s Zuständigkeit fallen, wie zum Beispiel das Anbringen von Kälte abweisenden Dichtungen an Fenstern und Türen, werden so lange aufgeschoben, bis sie nicht mehr nötig sind – also in dem Fall bis zum Sommer.

Er zieht das Kind zu warm, zu kalt oder verkehrt an. Verkehrt in dem Sinne, dass sich Knöpfe und Verschlüsse auf der falschen Seite des Kindes befinden, unbequem sind oder es einfach scheiße aussieht.

L. isst Äpfel und Chips, obwohl ich mich im gleichen Raum aufhalte, und zieht sich so meinen Hass zu.

Und so sammelte ich wie ein fleißiges, aber sehr schlecht gelauntes Bienchen jeden Tag all die Verfehlungen, Fehler und Nachlässigkeiten von L., und je länger ich das machte, desto mehr ging er mir auf die Nerven und desto mehr verlor ich den Respekt vor ihm. Das ging so lange, bis ich mir insgeheim manchmal dachte: »Depp.«

Wir waren in eine Abwärtsspirale geraten, die eine immer größere Abneigung gegen den anderen auslöste. Ich krittelte herum, L. fühlte sich kontrolliert, ich war frustriert, weswegen ich ihn noch mehr kritisierte, und so ging es immer weiter.

Als Erste sprach mich meine Freundin Jana auf das Missverhältnis an: »Du benimmst dich ihm gegenüber abfällig«, befand sie, »respektlos. Das geht nicht«, woraufhin ich ihr einen Monolog hielt, der all die oben genannten Punkte enthielt. Ich fühlte mich total im Recht! Ich meine, bekam er das mit den Terminen hin oder nicht? Nein! Stört es mich? Ja! Also warum sollte ich das dann nicht sagen?

»Ich dachte, du wärst auf meiner Seite«, maulte ich sie außerdem an und das offenbarte, was aus unserer Beziehung geworden war: ein Krieg mit Gegnern und Fronten. Meine Seite, deine Seite, und immer wenn ich mit meiner Nörgelei im Recht war, zählte es als Punkt für mich. Nur dass hier keiner von uns beiden gewinnen konnte, das hatte ich irgendwie nicht bedacht. Gott, war ich ätzend.

Als ich mich so im Bekanntenkreis umsah, stellte ich fest: Es gibt so viele Arten, den Partner respektlos zu behandeln, wie es Paare gibt. Einige meinen, den Partner erziehen zu müssen, andere zeigen, dass sie ihn für begriffsstutzig halten oder machen seinen Geschmack, sein Hobby oder seinen Beruf lächerlich. Es gibt hundert verschiedene Arten der Respektlosigkeit und es ist immer eine Demütigung.

Einen lichten Moment hatte ich eines Tages in der Küche, als ich das Gefrierfach öffnete und ein Päckchen gefrorenes Hackfleisch in der Hand hielt. Wir haben normalerweise kein Hackfleisch im Gefrierfach und ich rief aus der Küche: »Sag mal, hast du Hackfleisch eingefroren?«, aber es kam erst mal keine Antwort. Dann erschien L. an der Küchentür. »Ja«, sagte er und ich musste auch gar nicht fragen, warum, denn zerknirscht schob er hinterher: »Es ist das falsche Hackfleisch, ich habe es ins Gefrierfach gesteckt, damit du es nicht siehst.« Ich sah noch mal auf das gefrorene Päckchen und ja, es war der ›falsche‹ Fettgehalt – und so langsam sickerte die Aussage von meinen Ohren ins Blut und zum Herzen. Das blieb dann kurz stehen.

Mein Mann versteckte Hackfleisch vor mir.

Er tat das, weil er einem Anpfiff aus dem Weg gehen wollte. Denn ja, ich hätte ihn darauf hingewiesen, mit den Augen gerollt und er wäre sich mal wieder vorgekommen wie ein Depp, der es nicht mal schafft, einkaufen zu gehen. Resigniert und traurig stand er in der Küchentür und ich schämte mich in Grund und Boden. Da stand der Mann, der mit mir im Regen Autoreifen gewechselt hat, der Mann, der die ganze Nacht an meiner Seite geblieben ist, als mein Papa die doofe OP hatte, der großartige Vater meines Kindes und der Mensch, den ich an meiner Seite haben wollte, wenn ich alt werde. Der immer nur wollte, dass es uns gut geht, und bereit ist, sich dafür ein Bein auszureißen, wenn nötig.

Dann heulte ich rum, L. nahm mich in den Arm und tröstete mich, woraufhin ich noch viel mehr rumheulte.

Es hat zugegeben lange gedauert, aber es war noch nicht zu spät zur Einsicht:

Mit dieser permanenten, scheinbar berechtigten Kritik erreicht man nur, dass sich der andere klein fühlt, dumm und ungeschickt. Und irgendwann hört er dann auf zu versuchen, alles richtig zu machen, und, noch schlimmer: Er glaubt selber daran, klein und dumm und ungeschickt zu sein.

Vielleicht bekommt er einen wehmütigen Blick, wenn er eine Doku über Samba-Tänzerinnen im Fernsehen sieht, und wenn ihm dann eine über den Weg läuft, die ihm das Gefühl gibt, nicht klein, dumm und ungeschickt zu sein – dann ist er halt vielleicht einfach weg. Dann ist das Geheule groß und er ist außerdem noch das Schwein, das sich eine andere angelacht hat. (Ist die andere auch noch jünger, kann man sich als verlassene Frau aller Sympathien sicher sein.)

Nach diesem Hackfleisch-Moment wurde mir auch klar, was sie beim Ehegelübde mit den ›schlechten Zeiten‹ meinen. Ich dachte immer, die meinten Arbeitslosigkeit oder Krankheit und solche Dinge, aber das meinen die gar nicht …

Wem das Szenario so ein bisschen bekannt vorkommt, hier ist mein Tipp aus dem Ausfüllbuch[4]:

Wenn du eine Frau bist: Denke an all die Fehler, die deinem Herzblatt so anhaften, und dann wähle zwischen einer dieser beiden Möglichkeiten:

Du machst ihn auf sein fehlerhaftes Verhalten aufmerksam, jedes Mal wenn nötig, damit er es endlich mal kapiert, der Torfkopf. Selbiger sagt nichts dazu, wird immer stiller und bekommt bei Dokumentationen über Samba-Tänzerinnen in Brasilien so einen leicht wehmütigen Blick. Dann fangt ihr an, euch zu hassen, weil du nörgelst und er schweigt, du verlässt ihn und er fliegt nach Brasilien.	Du akzeptierst sein fehlerhaftes Verhalten und verlierst im Angesicht seiner guten Eigenschaften und im Bewusstsein des Umstandes, dass du auch keine 10 bist, nie mehr ein Wort darüber und ihr lebt glücklich bis an euer Ende.

4 Am Arsch vorbei geht auch ein Weg: Das Ausfüllbuch, mvg Verlag 2017

Wenn du ein Mann bist: Reiß dich am Riemen! Eine, die dich so nimmt, wie du bist, kriegst du so schnell nicht mehr.

Heißt das, dass ich mich nie mehr ärgere? Nein. Aber ich schiebe den Ärger sofort mit einer einzigen Armbewegung vom Tisch. Er bringt mir nämlich nichts, im Gegenteil, ich ärgere mich nur.

Außerdem musste ich meine Einstellung justieren: L. und ich gehörten wieder in das gleiche Team! Es war ja nicht so, dass das vorher noch nie der Fall war. Keine Ahnung, wie andere das hinkriegen, bei uns hat das nur durch ein paar krasse Veränderungen geklappt. Unser Programm hieß: Dieser L. muss glücklicher werden.

Das beinhaltete, dass ich ihn nicht mehr runtermachte, aber auch, dass er seinen Job kündigte und ein Café eröffnete. Das war schon immer sein Traum gewesen und nun war es so weit, dass ich mir nicht hauptsächlich darum Sorgen machte, ob wir dann noch Familienleben hätten, ob genug Geld in die Kasse käme, ob L. gut genug kochen könne, was eine Profi-Küche kostete, ob er Personal leiten könnte und wie er das überhaupt hinbekommen wollte, wo er doch jeden einzigen Termin zuverlässig vergaß (von der Klopapierrolle habe ich gar nicht erst angefangen). Nein, diesmal spielte ich in L.'s Team und daher machte ich mir nur noch Sorgen darum, wie wir diesen Traum irgendwie verwirklichen könnten. L. war zu Beginn noch etwas skeptisch, aber er merkte bald, dass ich wirklich auf seiner Seite war, und wurde dadurch zutraulicher. Er erzählte mir von den Gedanken und Sorgen, die er zuvor für sich behalten hatte, und wir verbrachten diverse Abende über Ideen und Konzepten für L.s Café. Es wurde gelacht, wir spannen die unsinnigsten Dinge aus und als wir schließlich den perfekten Plan hatten, sahen wir uns strahlend an – und so hatte ich L. lange nicht strahlen sehen. Es war wie ganz früher, als wir uns mit einem High-Five und einem Kaugummi-Automatenring ewige Liebe schworen.

Seit ich wieder in L.'s Team bin, sind wir freundlicher, wohlwollender und insgesamt besser miteinander. Das wirkt sich auf alle Lebensbereiche aus. Ich sehe außerdem plötzlich Seiten an ihm, die ich vorher nicht sehen konnte: Er ist voller Energie, guter Laune und er ist ein Organisationstalent geworden. Er hat noch keinen einzigen Termin vergessen, nicht den beim Steuerberater, nicht den mit dem Küchenmaschinen-Mann und auch sonst keinen. Er denkt an alles und seit ich aufgehört habe, ihn daran zu erinnern, X zu erledigen oder Y zu tun, macht er es ganz von alleine. Er kauft jetzt nicht nur den richtigen Joghurt, er kauft auch Beeren dazu, die gibt es statt Stückchen, und ich ertappe mich manchmal dabei, dass ich einen Termin verplempere und es L. ist, der sagt: »Hey, wir müssen los!«

Und ich: »?«

Nur das mit den Socken, das wird in diesem Leben nichts mehr. Aber scheiß auf die Socken.

MIDLIFE-CRISIS

Die Midlife-Crisis klingt ja immer viel angestaubter, als sie ist – nach älteren Männern mit schwarzen Fransen-Lederjacken auf riesigen Motorrädern. Tatsächlich aber befällt die Midlife-Crisis alle reihum, mein ganzer Bekannten- und Freundeskreis kennt das Phänomen, auch wenn die wenigsten (Gott sei Dank) zur Fransen-Lederjacke greifen.

Die Lebenssituationen sind bei allen ganz unterschiedlich:

Da sind die, deren Kinder anfangen, selbstständig zu werden und auszufliegen, wobei sie nicht nur eine wohltuende Stille hinterlassen, sondern eben auch ein ziemlich leeres Nest.

»Wenn er mal auszieht, dann machen wir aus dem Kinderzimmer eine gemütliche Bibliothek! Es liegen dann endlich nicht mehr so viele Chips auf dem Boden, ich kann immer ins Bad und wenn ich fernsehen will, muss ich nicht zuerst ein paar schlaksige Halbstarke von der Playstation verscheuchen ...«, so tönte Susanne, seit ihr Sohn Linus in der Pubertät herumeierte. Aber je näher der Moment kam, dass Linus tatsächlich die Biege machte, desto stiller wurde sie. Nun kann sie zwar jederzeit ins Bad und fernsehen, wann sie will, aber das Kinderzimmer darf nicht verändert werden, und ich habe sie im Verdacht, dass sie hin und wieder ein paar Chips auf dem Boden verteilt.

Die Umstellung, sich plötzlich nicht mehr um die Brut zu kümmern, sondern sich langsam wieder sich selbst zuzuwenden, ist ebenso krass wie viele Jahre zuvor die gleiche Drehung in die andere Richtung, als man sich von sich selbst ab- und dem Säugling zugewandt hat. Wer sich da in der Zeit der Kinderaufzucht nicht selbst völlig aus dem Blick verloren hat, ist jetzt im Vorteil.

In die Midlife-Crisis geraten aber auch junge Eltern, die gerade ein Kind bekommen haben und das Gefühl nicht loswerden, das Leben sei nun irgendwie vorbei. (Was ja, bezogen auf das Leben, das sie bis jetzt geführt haben, durchaus der Fall ist …)

Ebenfalls betroffen sind all jene, bei denen es über lange Zeit hinweg ›so ganz ok‹ läuft. Job ok, Beziehung ok, es gibt zwar schon mal Probleme, aber im Großen und Ganzen kann man sich eigentlich nicht beschweren.

Doch alle kommen irgendwann an einem von diesen beiden Sätzen nicht vorbei:

1. War das alles?
2. Und jetzt?

Wenn dann *Ich war noch niemals in New York* im Radio läuft, kann man schon ins Grübeln kommen. Wer den Song nicht kennt: Es geht um einen Mann, der mitten im Leben steht, mit Frau, Kind und Job. Dennoch oder gerade deswegen hat er die Angst, etwas zu verpassen. Er würde gern *verrückt sein und aus allen Zwängen fliehen.* Es ist einer der wenigen Songs über die Midlife-Crisis, er ist von Udo Jürgens und außerdem ganz großartig.

Dabei ist es natürlich egal, ob die Sehnsucht einen nach New York trägt oder zu einem anderen Partner, zu einer anderen Lebensart oder sonst einem Abenteuer. Jana zum Beispiel beschleicht in jeder Beziehung, die etwas ernster wird, der Gedanke: ... *und jetzt nie mehr neben einem anderen aufwachen*? Das ist ihr dann so zuwider, dass sie den armen Kerl gleich wieder in die Wüste schickt.

Der gemeinsame Nenner zwischen New York, einem neuen Leben im Planwagen und anderen Sexual- oder sonst wie Partnern ist:

»... *noch einmal voll von Träumen sein, sich aus der Enge hier befreien.*« Kennt jeder, oder?

Das kann einen plötzlich überkommen oder man hat ein Schlüsselerlebnis – oder man liest nachts um eins einen doofen Satz im Internet, zum Beispiel:

Weißt du noch, als wir unbedingt groß werden wollten,
um endlich all das zu tun, was wir wirklich wollten?
Wie läuft es damit?

Manchmal hat ein runder Geburtstag den gleichen Effekt und das kann der 40. oder der 50. sein, aber auch der 30. oder erst der 60.

All die Dinge, die man nicht mehr machen wird, könnten einem da in den Sinn kommen. Oder wie man sich in jungen Jahren vorgestellt hat, wo und wie man an diesem Geburtstag sein wird – und mit wem. Das Praktische ist, dass man in Bezug auf die Vorstellungen von sich selbst und seinen Möglichkeiten im Laufe der Jahre etwas klarer sieht.

Ich zum Beispiel bin wirklich froh und dankbar, keine elf Kinder bekommen zu haben, ich bin nämlich mit einem schon am Ende meiner Nerven. Ferner war es gut, *doch* nicht Krankenschwester geworden zu sein. Zum einen sehe ich nicht gerne Blut und zum anderen ist es mir ein Graus, mich um Kranke zu kümmern, wovon L. ein trauriges Lied singen kann. Es ist auch besser, dass ich nicht Anwältin geworden bin, und zwar für all die armen Teufel, die deswegen reihenweise in den Knast gewandert wären. Man lernt sich selbst halt auch erst mit der Zeit wirklich kennen, in jungen Jahren kann es schon mal passieren, dass man einer Anwaltsrobe oder der Attraktivität von jungen Ärzten deutlich zu viel Bedeutung beimisst. Andere Dinge, die man nicht mehr machen wird, kann man durchaus betrauern – eine Hochzeit in Weiß zum Beispiel. Das war mir früher zu bürgerlich und Ehe überhaupt und wer weiß, wie lang man überhaupt zusammenbleibt, und pah! Tja. Schade. Hätte ich es doch einfach mitgenommen. Das passiert, wenn man Prinzipien über etwas anderes stellt.

Wenn es darum geht, in diesem Leben noch mal eine/n andere/n zu küssen, gehen in meinem Umfeld Frauen und Männer recht unterschiedlich damit um. Die Frauen, die ich kenne, machen das einfach irgendwann mal, haben dann über eine verschieden lange Zeit ein schlechtes Gewissen und damit ist der Fall erledigt. Männer drehen dahingehend allerdings leider oft durch und reagieren dann über, indem sie die Frau wechseln. Die Neue wird nach strengen Kriterien ausgesucht, die da sind:

1. jung

   Das Blöde ist dann, dass sie mit der Neuen irgendwann die gleichen Probleme haben wie mit der Alten, nur dass noch einige Probleme der Neuen dazukommen. Außerdem kann man sich zwar anfänglich in junger Begleitung selbst auch jünger fühlen, aber mit der Zeit vermisst man die Gemeinsamkeiten und spätestens, wenn er sagt: »Hey, du hast ein

Ramones-T-Shirt? Ich liebe die Ramones!«, und sie antwortet: »Wer sind die Ramones?«, fühlt er sich wie ein alter Sack.

Wenn dann noch ihre Freundinnen zu Besuch kommen und sie abends unbedingt noch in den Club will, während er sich nach seinem Sofa sehnt – dann nützen ihm die neuen Jeans und der neue Hoodie auch nichts, dann fühlt er sich alt. Selbstverständlich kann es auch ganz anders laufen, aber oft läuft es so und so will man das eigentlich auch nicht.

» … *noch einmal voll von Träumen sein, sich aus der Enge hier befreien*«, summt man so und kann ein bisschen wehmütig an damals denken, als das Leben noch vor einem lag, alles noch offen stand, als man hier und da jobbte, diesen oder jenen liebte, und man dachte, man erfände gerade die Welt neu, und so wie sie jetzt ist, so gut war sie noch nie. Als man dachte, irgendetwas Großes wird einem passieren, man wusste nicht genau, was, aber das Leben hielt zweifelsfrei etwas ganz Besonderes für einen bereit. Ach, das war schön: in den Tag hineinleben, keine Verantwortung … und wenn man dann wehmütig wird und einen Ort aufsucht, den man mit all diesen Gefühlen in Verbindung bringt, zum Beispiel ein Festival auf einer Wiese in der Stadt, kann es passieren, dass man Palle wiedersieht. Palle war in diesem früheren Leben, in dem man noch *voll von Träumen* war, einer von *den Jungs*. Auch er lebte in den Tag hinein, jobbte als Security-Mann bei Konzerten und diskutierte abends in unserer Stammkneipe über das Weltgeschehen. Er macht das immer noch. Als einer der ganz wenigen lebt Palle immer noch in den Tag hinein, er jobbt immer noch als Security-Mann und diskutiert abends am Tresen das Weltgeschehen. Irgendwie ist Palle frei und es engt ihn auch nichts ein (bis auf das alte St.-Pauli-T-Shirt, das inzwischen etwas spannt), aber so hat man sich das mit dem *Verrücktsein und aus Zwängen fliehen* dann irgendwie auch nicht vorgestellt. Und nach New York, so viel ist klar, kommt Palle auch nicht so schnell. Nein, sich das Damals zurückzuholen, funktioniert nicht so einfach. Als junges Ding am Bahnhof zu stehen und über Kopfhörer »Runaway Train« von Soul Asylum zu hören und sich vorzustellen, alles hinzuschmeißen und abzuhauen – das ist ganz schön romantisch. Solange man jung ist. Da sitzt man mit einem Typ mit Gitarre in einem Güterwaggon und verschwindet in den Süden, wo er am Strand singt und man selbst Armbändchen bastelt und sich so durchschlägt. Machst du das Gleiche mit 50, bist du nicht romantisch, sondern obdachlos.

Was damals funktioniert hat, funktioniert heute nicht mehr, so sehr man das auch probiert. Es ist ein rückwärts gerichtetes, wieder aufgewärmtes Abenteuer, kein neues. Mein Freund K. zum Beispiel, der ist nicht nur ein toller Kerl, er hängt auch ein bisschen seiner besten Zeit nach: der Zeit, als er noch ein schwarz gelockter, muskulöser DJ im angesagten Club war und ihm die Frauenherzen reihenweise zufielen. Weil er inzwischen weniger Haare und dafür mehr Masse hat sowie eine ebenso langjährige wie -weilige Beziehung, weil sich die Frauen nicht mehr um ihn scheren und weil er nicht mehr auf dem DJ-Podest steht, sondern hinter einem Schreibtisch im Großraumbüro sitzt – also deswegen will K. bei unseren Treffen am liebsten in Erinnerungen schwelgen. *Weißt du noch* und *Kannst du dich erinnern*, so fangen die meisten Sätze von K. an. Er hört auch nur die Musik von damals und auf seinen Profilbildern der sozialen Netzwerke sind nur Fotos aus der guten, alten Zeit. Das letzte Mal, als wir uns gesehen haben, hatte er sich auch prompt frisch verliebt. Ich habe ein Foto von ihr gesehen. Die sieht original so aus, wie zu K.s besten Zeiten ALLE Mädels ausgesehen haben. Die Klamotten, der Haarschnitt, sogar dieser leicht psychotische Zug um die Augen, der mal hip war: Sie war wie aus einer Zeitkapsel entsprungen. Perfekt für K. – und so lebt er jetzt einfach die tolle Zeit von damals noch mal. Mit Abstrichen natürlich, weil der Schreibtisch und das lichte Haar bleiben ihm ja. Man verstehe mich nicht falsch, ich finde es auch toll, wenn jemand auf einer Party eine Playlist auspackt mit lauter Songs, die man morgens um zwei selig betrunken mitsingen kann, keine Frage! Aber rückwärts gerichtet wehmütig in die Vergangenheit sehen, das kann es halt auch nicht sein, und wenn man hundertmal unzufrieden mit der momentanen Situation ist.

Ich meine – sehen Sie sich mal an, wie zum Beispiel Axl Rose heute aussieht. Sie erinnern sich? Der langhaarige Kopftuchträger mit Lederkutte, der Guns 'N Roses war? *November Rain, Don't Cry* und wie die ganzen Schnulzen hießen? Der hat sich überhaupt nicht verändert – also im Sinne von: Er hat noch das gleiche Kopftuch auf und die Kutte an und er singt auch immer noch. Aber er sieht aus wie eine Karikatur seiner selbst! Ein dicklicher Typ mit rotem Kopftuch, der auf die 60 zugeht und die Songs von damals spielt. Das ist gruselig! Die Künstler aber, die sich mit der Zeit gewandelt haben und die ihre Veränderung gelebt haben, gehen ziemlich strahlend aus der Sache mit dem Älterwerden hervor. Denken Sie an David Bowie oder an einen aus der Guns-'N-Roses-Liga: Jon Bon Jovi. Man stelle sich nur vor, der hätte immer noch die gleiche Matte wie zu Beginn seiner Karriere ...

Die Zeit der Midlife-Crisis ist da, wenn man meint, ab jetzt kann es nicht mehr besser werden. Nur schlechter. Im besten Fall Stillstand. Da werden wir hibbelig, denn dafür sind wir nicht gemacht. Sich deshalb in die Richtung zu drehen, in der man sich mal besser gefühlt hat, also nach hinten, ist der falsche Weg.

Diese drei Wege haben sich in meinem Umfeld bis jetzt bewährt:

1. Anne, meine Freundin mit dem Hang zur Esoterik, hält sich dahingehend an die Buddhisten. Sie meditiert und versucht, den Zustand zu erreichen, in dem man einfach nichts mehr erreichen will. Ganz im Hier und Jetzt, Omm …

2. Bei mir persönlich klappt Nummer 1 nicht. Abgesehen davon, macht es mir auch viel mehr Spaß, etwas zu wollen, als nichts zu wollen. Mein goldener Weg sind Veränderungen, die nach vorwärts gewandten, guten, und die haben immer mit neuen Dingen und Erfahrungen und Lernen zu tun.

   Manche Menschen haben es leicht, weil die Affinität dazu in ihren Systemeinstellungen anscheinend so angelegt ist (an dieser Stelle herzlichen Glückwunsch!), andere haben es schwerer, weil in ihren Systemeinstellungen nur ein Bild von einem Sofa, einem Pasta-Gericht und einem Fernseher vorgesehen sind. Es ist ja auch ein Teufelskreis: Je nerviger der Alltag ist, desto weniger Energie hat man, sich für irgendeinen zusätzlichen Scheiß zu interessieren, man ist ja schon völlig gefordert mit dem Scheiß, den man schon hat. Aber, und das weiß man aus Erfahrung auch, sobald man sich für irgendetwas begeistern kann, hat man plötzlich jede Menge neuer Energie, praktisch aus dem Nichts. Wie beim Wohnungstreichen: Die Wohnung zu streichen, aus der man auszieht, ist eine echt zähe Sache, ein Berg voll Arbeit, und allein die Vorstellung lässt einen schon ermattet aufs Sofa sacken. Streicht man aber die neue Traumwohnung, ist das alles gar kein Problem, da wird stundenlang gewerkelt und es macht auch noch Spaß. Dieses Gefühl, diese Freude ist es, die den Weg weist. Wenn man der folgt, geht man nicht nur in die richtige Richtung, der Weg ergibt sich auch scheinbar wie von selbst. Vielleicht resultiert aus dieser Freude ein neuer Beruf, ein Hobby oder eine Fransen-Lederjacke, vielleicht verlässt man das Land, steigt um auf vegane Kost, arbeitet nur noch Teilzeit oder wird Pflegemutter. Oder alles auf einmal.

Aber das ist wie gesagt auch nur einer der Wege, nämlich der, der mir am besten steht.

3. Jana wiederum sieht die Sache völlig anders, die hat nämlich die Midlife-Crisis so wie andere Leute Grippe haben. Fragt man Jana, wie es ihr geht, sagt sie: »Danke, so weit ganz gut, aber ich habe gerade Midlife«, woraufhin die meisten Frauen abwinken und sagen: »Kenn ich, hatte/habe ich auch.« Die Angaben über die Dauer des Tiefs reichen von zwei bis drei Monaten bis zu einem Jahr und allein die Tatsache, dass es allen anderen auch so geht, hat etwas sehr Beruhigendes. Dabei ist die jeweilige Lebenssituation völlig egal. Ob arm oder reich, mit vielen Kindern oder ohne, ob gewollt kinderlos oder ungewollt, Hausmutti oder berufstätig. Alle straucheln ein bisschen und Jana eben auch, ihre Stimmung vergleicht sie mit dem leicht missmutig-wehleidigen Zustand vor ihrer Periode, immer in dem Wissen: Es geht vorbei. Sie behandelt sich nun mit etwas Nachsicht bzw. eben wie jemanden in der Rekonvaleszenz: Sie streichelt ihr Ego, gönnt sich schöne Dinge und tut sich Gutes in dem Wissen: Es geht vorbei.

Jana, Anne und mir ist gemein, dass wir uns in der Midlife-Crisis vermehrt Gedanken um die Endlichkeit machen. Das ist ein trauriges Thema, aber auch ein sehr kraftvolles, denn: *Irgendwann* gibt es nicht mehr. Und weil es *irgendwann* nicht mehr gibt:

1. ... ist Anne noch viel mehr im Hier und Jetzt als eh schon,

2. ... fange ich an, meine Träume aktiver zu verfolgen als eh schon,

3. ... macht Jana ganz pragmatisch das, was ›noch‹ möglich ist, solange es möglich ist.

Auf die Sache mit der Endlichkeit sind wir nicht ausschließlich von ganz alleine gekommen, sie wird uns auch von außen angetragen und das ist – wie es eben ist. Wir wissen prinzipiell natürlich alle, dass niemand für immer bleibt, aber wenn dieses Wissen plötzlich Menschen aus dem eigenen Umfeld betrifft, dann verwandelt sich das Wissen im Kopf plötzlich in ein Verstehen mit dem Herzen. Aber das ist ein anderes Kapitel.

ELTERN

Eine der ersten Erkenntnisse, während man so vor sich hin altert, abgesehen von den ganzen nebensächlichen Erkenntnissen den eigenen und andere Körper betreffend, ist die, dass sich das Verhältnis zu den eigenen Eltern ändert. Und zwar fundamental. Eben noch ist man rebellisch-mürrisch davongezogen, dann entspannte sich das Verhältnis zusehends (außer an Weihnachten), dann wurde es im Idealfall freundschaftlich-wohlwollend und nun das: Die Rollen sind vertauscht. Eine Kräfteverschiebung hat sich vollzogen, oder wie meine Mutter sagt: Das Kind bekommt Oberwasser.

Die einst so mächtigen Eltern werden wackelig. Sie legen plötzlich aus Versehen ihre Brille ins Eisfach, sie rufen an und haben vergessen, was sie sagen wollten, oder sie reden einen erst mal mit dem Namen der Cousine, der Tante, der Schwester, eventuell mit dem des Hundes und dann erst, *äh, äh, Entschuldigung*, mit dem richtigen Namen an – den sie einem damals höchstpersönlich verpasst haben, wohlgemerkt.

Man rollt irgendwann nicht mehr mit den Augen, wenn Mama schon wieder samstagmorgens anruft und man selbst gerade erst aus der Koje gekrochen ist, sondern man ruft selber an. Kümmert sich ein bisschen. Fragt: »Wie geht es dir?« Wessen Elternteile noch beieinanderweilen, kann sich dabei erwischen, dass er bei einem Besuch die in Streit geratenen Parteien mit dem gleichen Satz trennt, mit dem man früher selbst bei Zwistigkeiten mit den Geschwistern ermahnt worden ist: »Jetzt hört doch endlich mal auf, ihr führt euch auf wie Dreijährige!« Man selbst hat plötzlich den vernünftigen Part inne und das ist – befremdlich. Mutti schimpft am Telefon über Vati, man selbst wirbt für Verständnis und ermahnt selbigen, netter zu Mutti zu sein, gerade so, als hätte man noch zwei Kinder dazubekommen.

Es ist eigenartig und es geht verdammt schnell. Hat man doch gerade erst gelernt, das alte Rollenspiel mit den Eltern zu durchbrechen und die beiden so zu nehmen wie sie sind, als Menschen, nicht als Eltern. Die Schritte

1. sich von den Eltern abnabeln,
2. auf Augenhöhe mit ihnen kommunizieren und
3. sich um sie kümmern/sorgen

folgen viel zu schnell aufeinander.

Das sage ich, obwohl ich eine wirklich junge Mutter habe – mein Kind hingegen rutscht vermutlich von Schritt 1 direkt auf Schritt 3, es braucht gar nicht mehr ausziehen. Wir wechseln einfach irgendwann, wer wem das Zimmer aufräumt und das Essen zerkleinert.

Schritt 1 war für die meisten einfach. Man zieht einfach irgendwann aus und kümmert sich um seinen eigenen Scheiß – das ist genetisch in uns angelegt.

Schritt 2 ist schwieriger, aber wenn man erst mal Abstand gewonnen hat, kommt bei den meisten dieser Punkt, an dem sie ein ernstes Wörtchen mit ihren Eltern oder zumindest mit der Mutter reden, von Erwachsenem zu Erwachsenem. Manchmal ist man auf dieses Gespräch vorbereitet, manchmal gibt eine Situation plötzlich den Anstoß – wie bei Lucy, deren Mutter mit ihr einen Ausflug zu ihrem Geburtsort machte. Kurz bevor sie das Ortsschild erreichten, eröffnete ihr die Mutter: »Nur dass du Bescheid weißt, falls jemand das Thema anschneiden sollte: Dein Opa hat deine Oma umgebracht damals. Mit einem Messer.« Das ist zum Beispiel so ein Anstoß, mal über vergangene Zeiten zu reden.

Aber auch wenn es nicht so extreme Sachen sind wie Mord und Totschlag (wie bei Lucy) oder plötzlich auftauchende Halbgeschwister (wie bei Jana), ist irgendwann dieser Zeitpunkt gekommen.

Ein Anfang ist gemacht, wenn man damit beginnt, seine Eltern mit ihrem Vornamen anzusprechen. Heißt es. Es gibt ja Kinder, die sagen schon als Dreikäsehochs ›*du, Elke*‹ statt ›Mama‹ und ›*der Jürgen*‹ statt ›Papa‹. Für all diejenigen, die mit ›Mama‹ und ›Papa‹ aufgewachsen sind, klingt das immer ein bisschen komisch kumpelhaft. Als würde der dreijährige Maximilian-Ole sagen: Du, Jürgen, wo du schon stehst, bring mir doch ein Bier mit! Wohlgemerkt, das klingt nur so. Vermutlich ist es piepegal, wie Kinder ihre Eltern anreden, Hauptsache, sie reden überhaupt mit ihnen. Ab einem gewissen Alter jedoch kippt das Ganze und es ist eher befremdlich, wenn ein Herr mit Anzug und Geheimratsecken im Restaurant ruft: »Mami! Hier sind wir!« Abgesehen davon, wie es klingen mag, ist der Wechsel zum Vornamen hilfreich, um ein

Mindestmaß an Distanz zu schaffen, die man allen anderen Menschen gegenüber automatisch an den Tag legt und die nötig ist, um sich mit dem Elternteil auseinanderzusetzen. Wer seine Mama *Elke* und seinen Papa *Jürgen* nennt, ist angeblich viel eher dazu bereit, die beiden als normale Menschen wie du und ich, mit Fehlern und Macken und ihrer Geschichte anzusehen. *Mama* und *Papa* hingegen schleppen den ganzen Rattenschwanz an Vorwürfen, unerfüllten Erwartungen, Liebkosungen und Enttäuschungen mit, die den beiden kleinen Wörtchen anhaften. Mit ihren Vornamen akzeptieren wir die Eltern so, wie sie sind, und durch ein klärendes Gespräch finden wir heraus, warum sie so sind. Ich habe das (wie das meiste im Rahmen eines Buch-Projekts) mit meiner Mutter auch gemacht:[5]

»Mama, wie fändest du es, wenn ich dich mit Vornamen anreden würde?« Die Überraschung steht ihr ins Gesicht geschrieben. »Möchtest du das denn?« So sicher bin ich mir da auch noch nicht. »Vielleicht probieren wir es einfach mal aus?«, schlage ich vor und fange noch mal von vorn an: »Eva, wie fändest du es, wenn ich dich mit Vornamen anreden würde?«

Wir sehen uns beide mit aufgerissenen Augen an – und was soll ich Ihnen sagen – es fühlt sich phänomenal anders an. Das simple Austauschen der Anrede funktioniert wie eine Metamorphose und die Mutter und ich – Eva und ich –, wir sind plötzlich auf Augenhöhe. Ich sitze nicht mehr der Mama gegenüber, sondern einer Frau, die meine Freundin sein könnte (und Mama verteufelt ähnlich sieht). Deren Meinung ich mir vorurteilsfrei anhören kann, ohne von vornherein heimlich mit den Augen zu rollen, weil ich

---

5 Folgender Absatz aus: Das »Sinn des Lebens«-Projekt, mvg Verlag 2013

etwas typisch Mama-artiges erwarte – und der ich gerne etwas erzähle, weil ich nicht denke: *Ich weiß schon, was jetzt kommt.*

Ein Wort. Erstaunlich.

Diese Stimmung nutze ich aus, »Weißt du, Eva, es gibt da etwas, das verstehe ich nicht …«, und dann frage ich Eva einfach nach allen möglichen Dingen, die mir auf dem Herzen liegen.

Und weil das so gut läuft und Eva auch wirklich mit mir spricht wie mit einer Freundin und nicht wie mit ihrem Kind, geht das den ganzen Abend so. *Warum hast du damals geheiratet* und *Warum hat das nicht gehalten? Warum ist das Verhältnis zu Oma so mies* und *Warum zum Teufel, hast du dich nicht gegen deinen Mann gewehrt?* Im Gegenzug sehe ich mich plötzlich auch den Fragen von Eva ausgesetzt. Fragen, die lange in ihr geschwelt haben: *Warum hast du aufgehört, mit mir über die wichtigen Dinge zu sprechen? Warum hast du mich nach meiner Scheidung so allein gelassen? Und warum zum Teufel gehe ich dir so auf den Wecker?*

Es ist ein langes Gespräch mit vielen Antworten, die wieder neue Fragen nach sich ziehen, und sie helfen mir, meine Mutter als das zu sehen, was sie ist – und nicht als das, was sie sein soll. Ich erkenne, warum sie so geworden ist, ich kann Mitleid haben und sie bewundern für das, was sie geschafft hat.

Kaum ist dieser Teil abgehakt und man kann die Haken und Ösen der Eltern annehmen, lappt man unversehens in Schritt 3 und damit in so etwas wie … – Nachsicht.

Die Definition von Nachsicht ist *das verzeihende Verständnis für die Unvollkommenheit und Schwächen von jemandem.*[6] An sich also

6 Siehe Duden: ›Nachsicht‹

eine super Sache (vor allem, weil man ja selbst auch voll von Unvollkommenheiten und Schwächen ist).

Dieses Phänomen beobachte ich mehr bei anderen als bei meinen eigenen Eltern, besonders beobachte ich das Phänomen bei L.: Im Laufe der Jahre hat er ordentlich an Nachsicht seinen Eltern gegenüber zugelegt und nur böse Zungen behaupten, er ist durch unsere Beziehung einfach trainierter in Sachen Nachsicht …

L. führt, seit ich ihn kenne, unendliche Diskussionen mit seinem Vater. Ob dies oder jenes, wie am besten und warum, warum auf gar keinen Fall und nach neuesten Erkenntnissen und überhaupt. Während seine Mutter und ich schon am Tisch über dem Wein zusammensinken, diskutieren und gestikulieren die Herren miteinander, dass es nur so eine Art hat. Jeder ist im Recht und gibt nicht auf, solange der andere das nicht eingesehen hat, was lediglich eine rhetorische Form von einer Schlange ist, die sich selbst in den Schwanz beißt.

Das ist deutlich weniger geworden. Immer öfter winkt L. nur noch ab oder schlimmer: Er lächelt und nickt. Er bemüht sich nicht mehr, den Vater von seiner Meinung zu überzeugen oder zumindest seinen Unmut über diese oder jene Haltung des Vaters zu zeigen. Mit einem »Na ja, so ist er halt« lächelt L. jeden Sprengstoff beiseite.

»Der ist aber nachsichtig geworden«, fällt auch Jana auf, die L. mitsamt seiner Familie schon ebenso lang kennt wie ich. Liebevoll sieht sie L. an und fängt an, das Märchen zu spinnen, dass man mit den Jahren eben milder wird und sich nicht mehr alles sowohl zu Herzen als auch persönlich nimmt und so weiter, aber das stimmt so nicht. »Der ist nicht nachsichtig«, sage ich, »der nimmt ihn nicht mehr ernst!« Und das ist ein himmelgroßer Unterschied.

Dieses freundlich lächelnde Abwinken impliziert die Überzeugung, es selber besser zu wissen oder sonst in irgendeiner Form überlegen zu sein, dem anderen die Fähigkeit abzusprechen, sich auf Augenhöhe auszutauschen und aus diesem Grund jedwede Auseinandersetzung mit einem Lächeln und Nicken zu umgehen. »Es ist, als ob du ihn abgeschrieben hättest«, werfe ich L. vor, was dieser nur teilweise abstreitet. Es wäre nicht so, dass er den Vater abgeschrieben hätte, aber über einige Themen werde man sich nun mal nicht einig und es wäre müßig, sich dauernd mit diesen zu beschäftigen. »So wie bei dir und Anne, wenn es um Schutzengel oder so ein Zeug geht!«

Das ist insofern wahr, dass ich mit Anne tatsächlich nicht über Dinge diskutiere, die mit Schutzengeln, Lebensbäumen, Aura, Karma oder sonst einem Kram zu tun haben, der auf einer Esoterik-Messe einen Stand haben könnte. Sie weiß, dass ich damit nichts anfangen kann und sie lieb habe, ich weiß, dass sie mich lieb hat trotz meines spirituellen Unvermögens, und fertig. Deswegen kann sie mir natürlich trotzdem erzählen, dass sie jetzt in ein Retreat geht, wo man nicht schläft oder nicht isst oder sonst irgendetwas über lange Zeit nicht macht, und es gibt keinen Grund, eine Diskussion anzufangen.

Bei vielen anderen Dingen muss man aber unbedingt eine Diskussion anfangen, wenn man die Seinen noch ernst nimmt, und das nicht bei irgendwelchen abwegigen politischen Ansichten, sondern nämlich dann, wenn sie Schwächen und Unvollkommenheiten vehement verteidigen, statt sie einzusehen.

Das geht zum Beispiel los, wenn mein geschätzter Onkel sich darüber beschwert, dass über ihm eine Familie mit zwei Kleinkindern eingezogen ist, die den Flur in ihrer Wohnung nicht entlangschlendern, sondern, so wie Kleinkinder alle kurzen Strecken zurücklegen, diesen entlangrennen. Da wird der linksliberale, freundliche Onkel plötzlich zum Blockwart. Ausstehen kann er die Familie sowieso nicht, weil die Frau das falsche Auto fährt und aus noch irgendeinem völlig abstrusen Grund, der mir auch prompt sofort wieder entfallen ist. Da kann man jetzt natürlich um des lieben Friedens willen nicken und das Thema wechseln, besonders wenn man gerade keinen Bock auf Diskussionen hat. Aber ich mag meinen Onkel und auch wenn ich gerade keine Lust darauf habe, fühle ich mich verpflichtet, etwas zu sagen und ihn nicht zum Blockwart werden zu lassen.

Ich versuche auch meine Mutter davor zu bewahren, eine verschrobene Alte zu werden. Immer wenn sie verschrobene Alte-Leute-Dinge tut, jaule ich auf wie ein Alarm. Schließlich lebt sie inzwischen allein und sie hat sonst niemanden, der ihr ab und an liebevoll in die Augen sieht und sagt: »Bist du noch ganz bei Trost, meine Liebe?«

Abgesehen von allen Vorteilen für die Eltern (es hält sie jung!) gibt es für einen selbst auch ein paar, denn nichts ist öder als ein Gespräch, an dem man nicht beteiligt ist und das man nur lächelnd und nickend abwartet. Da kann man zwar gedanklich die Steuerpapiere oder die Einkaufsliste durchgehen, aber so richtig befriedigend ist das nicht. Wenn man sich aber auf sein Gegenüber einlässt, den anderen ernst nimmt und auch selbst die Karten auf den Tisch legt, ist das zwar anstrengender, aber man fällt wenigstens nicht ins Koma vor Langeweile.

Wenn ich eines Tages nicht mehr diskutiere, habe ich aufgegeben, dann lasse ich meine Mutter eine verschrobene Alte sein, und auch wenn sich das im ersten Moment für beide Seiten regelrecht verlockend und nach Freiheit anhört, spräche ich ihr in dem

Moment ab, eine reflektierende, denkende, vernünftige Person zu sein.

Was einmal werden soll, wenn die Eltern so alt sind, dass sie sich nicht mehr selbst versorgen können, ist eins der Themen, bei denen mein Freundeskreis bedrückt die Köpfe senkt und Unverständliches murmelt. Man weiß es schlicht nicht. In der Regel lässt das eigene Leben es nicht zu, die Eltern, ob beide oder einen davon ist egal, zu sich zu nehmen – selbst wenn man das wollte. Jemanden zu engagieren, der die Pflege zu Hause übernimmt, ist absurd teuer, und in ein Heim will meistens auch niemand. Eine Art Pattsituation. Meine Mutter hat noch einen draufgesetzt, indem sie mir aufgetragen hat, sie im Falle ihres Ablebens auf keinen Fall verbrennen zu lassen. Und ein Grab in der Erde wolle sie auch »unter gar keinen Umständen«. »Was soll ich denn dann machen, dich ausstopfen?«, antworte ich und wir lachen. Wir können es locker nehmen. Noch.

FREUNDE

Neue Freundschaften sind nicht mehr ganz so leicht zu schließen – siehe ›Geduld mit Leuten‹. Da fallen ja schon von vornherein derart viele Leute durch das Raster, dass es nur so scheppert. Wenn man dann doch mal jemanden trifft, bei dem man sich denkt: *Ach schau, du bist aber nett*, dann ist es immer noch ein weiter Weg.

Es ist ja nicht mehr so wie damals, als man eh jahrelang den halben Tag in einer Schule oder Uni zusammengesperrt war und jede Menge Zeit für einen regen Austausch und ein intensives Kennenlernen hatte. Im Büro ist man leider durch die Arbeit vom Sozialkontakt etwas abgelenkt und beim Zumba kommt vor lauter Hüpfen kein vernünftiges Gespräch zustande. Nein, wenn man schon mal jemanden dufte findet, muss man sich verabreden. Auf ein Glas oder auf einen Kaffee, und dann sitzt man da und fragt sich die Lebensgeschichte ab und wenn es gut läuft, macht man wieder etwas aus. Von da bis zu dieser Form von Freundschaft, bei der man sich auch nachts um zwei anrufen kann, weil man traurig (und/oder betrunken) ist, oder bei der man sich mit einem Blick versteht und in schallendes Lachen ausbricht, das dauert. Und man muss dranbleiben – aber das ist zeitaufwendig und anstrengend. Auch deswegen siebt man so schnell und so strikt aus.

Ich treffe mich gerade mit Lotta, einer reizenden Anwältin, die ich gerne zur Freundin hätte, und ich weiß, sie möchte das auch, aber wir sind immer noch vorsichtig, wenn wir uns treffen. Es wird beschnuppert, wir sind freundlich und trinken viel zu viel Alkohol, wenn wir uns sehen, einfach nur, damit das mit dem Vertrautwerden mal etwas in die Hufe kommt. Man hat ja nicht das ganze Leben Zeit. Die Entstehung einer Freundschaft lässt sich aber nicht beschleunigen, es dauert so lange, wie es dauert und man muss dazu viel Zeit miteinander verbracht haben - oder wie es der Fuchs schon in dem Buch *Der kleine Prinz* erkannt hat: Die Menschen haben für nichts mehr Zeit. Alles, was sie brauchen, kaufen sie im Laden. Aber der Fuchs weiß auch, wo das Problem an der ganzen Sache liegt:

> *»Aber da es keine Kaufläden für Freunde gibt, haben die Leute keine Freunde mehr. Wenn du einen Freund willst, so zähme mich!«*

Ich zähme jetzt also Lotta und sie mich. Es dauert noch eine Weile, aber irgendwann, da bin ich mir sicher, werden wir gute Freunde sein.

Die Freundschaften hingegen, die man schon hat, sind enormen Gefahren ausgesetzt. Sie können einem einfach so abhandenkommen, eine kleine Änderung in den Weichen des Lebens und schon befindet man sich plötzlich in verschiedenen Welten.

Das passiert zum Beispiel durch

Umzug:
Da hat man gerade diese Phase hinter sich, in der man noch schnell aufräumt, bevor besagte Freundin zu Besuch kommt, und mutet

ihr durchaus entspannt das heimische Chaos zu, da bekommt sie ein super Jobangebot. Leider muss sie dafür nach Travemünde – und während man noch überlegt, ob das noch in Deutschland liegt, ist auch schon der Umzugslaster vorgefahren. Zack, weg.

Oder, auch schon passiert: Man selbst bekommt ein super Jobangebot. »Wir telefonieren einfach ganz oft!« Jaja.

Liebe:
Oder die Freundin verliebt sich in Torben, sie kriegen sich und alles ist toll, aber Torben ist ein totaler Vollpfosten. Und sie schleppt ihn überall mit hin, auch zum Mädelsabend. »Torben hat eine sehr ausgeprägte weibliche Seite.« Jede Hoffnung auf einen baldigen Austausch von Torben wird durch die Einladung zur Hochzeit zunichtegemacht, aber man bleibt am Ball und kommt auch mit Torben inzwischen aus: Zack! Ziehen sie nach Travemünde, da kommt er nämlich her.

Kinder:
Späte Elternschaften ploppen allseits aus dem Boden und das ist auch toll und man freut sich mit, aber frische Eltern haben nun mal eine Neigung, sich mit anderen Kinderfanatikern zu umgeben. Zack, weg.

Scheidung:
Nichts halbiert Freundeskreise so rasiermesserscharf!

Dass die Anzahl der Freunde weniger wird, ist laut Wissenschaft völlig normal: Obwohl man natürlich immer wieder neue Freunde dazugewinnen könnte, schrumpft mit den Jahren der Freundeskreis. Ab Anfang 30 schon, und zwar alle fünf Jahre um einen

Freund. Im Schnitt haben Menschen fünf sehr intime Freunde, zu denen auch Familienangehörige zählen. Dazu kommen circa 15 gute Freunde.

Übrig bleiben im Alter nur die fünf intimsten.

Anhand von Telefondaten konnte man sogar nachweisen, dass das Netzwerk an sich stabil bleibt: Kommt ein neuer enger Freund dazu, wird einer der alten Freunde weniger angerufen und muss den Platz räumen. Anscheinend haben wir nur begrenzte Kapazitäten, was enge Freundschaften angeht. Im Gegenzug zu den jungen Jahren, in denen man freundesmäßig fast schon promiskuitiv unterwegs war – aber da lag noch nicht so viel Gewicht auf den Freundschaften, das schaufelt man erst mit den Jahren drauf. Man muss selbst gar nicht lange überlegen, wer nun zu den Top 5 (oder Top 3) besten Freunden gehört und wer nicht: Man kann einfach in der Anrufliste des Telefons nachsehen. Mit denen, die uns am wichtigsten sind, sprechen wir am häufigsten am Telefon. (Der Vodafone-Telemarketing-Mitarbeiter gehört nicht dazu.) Um die paar Leute geht es.

Joachim Kaiser, ein großer Gelehrter der Geisteswissenschaften, hat mal in einem Interview gesagt:

> *»Sie können sich, wahrscheinlich erfolglos, selbst mit neunzig noch Hals über Kopf verlieben. Freundschaft aber ist ein menschliches Glück, das sehr viel Zeit braucht. Man muss miteinander verdammt viele Scheffel Salz gegessen haben, man muss Erfahrungen gemacht haben, man muss sich auch mal gestritten haben, man muss ein bisschen an-*

einander gelitten haben, man muss voneinander gelernt haben. Das macht Freundschaft aus.«[7]

Freunde sind wichtiger für das Glück als die Liebe und wichtiger für die Gesundheit als Bewegung. Diese ein, zwei, drei Menschen, denen man alles sagen kann und auf die man sich blind verlassen kann. Die, die nichts anderes von uns wollen, als uns glücklich zu sehen. Das sind nicht viele. Es gibt zwar noch jede Menge Leute, die sich in der Nähe dieses Status tummeln wie Teenager um eine Dorfbushaltestelle – aber wirkliche Freunde hat man nicht viele im Leben. Nicht *solche* Freunde. Die, die man in der Früh um vier vom Wohnort des Exfreundes aus anrufen kann, um zu sagen: »Bitte komm und hol mich!«, und zwar auch dann, wenn sich dieser Wohnort in einem anderen Land befindet. Und die dann nicht fragen: »Aus Costa Rica? Bist du irre?«, sondern: »Wo genau in Costa Rica?«

Und das ist das ganz Wunderbare an unseren alternden Freundschaften. Sie sind wie Wände: Je älter das Haus des Lebens ist, desto mehr Gewicht nehmen sie auf. Unsere ganz engen Freunde werden uns immer (ge-)wichtiger und wir wissen sie zu schätzen.

In jungen Jahren waren sie oft nur dafür zuständig, eine gute Zeit mit uns zu verbringen, mit uns ins Kino zu gehen und auf die Piste, und wenn es eine richtig gute Freundin war, dann hielt sie einem danach die Haare nach hinten, wenn man sich über der Kloschüssel die Seele aus dem Leib würgte. Klar, das verbindet. Mit der Zeit aber werden die Aufgaben der Freunde vielfältiger. Das Leben

---

7 Georg Diez & Dominik Wichmann: »Ich weiß, dass ich sterben muss. Und zwar relativ bald«, aus: Süddeutsche Zeitung Magazin, Heft 50/2008

verpasst uns größere Schläge und manchmal muss es dunkel werden, damit man sieht, wer mit einem am Feuer sitzen bleibt. Wahre Freundschaft ist unendlich kostbar. Sie ist die Stütze der Seele.

Wenn früher ein Freund oder eine Freundin nach Travemünde gezogen ist, dann war das blöd. Würde mir Jana heute erklärte, sie ziehe nach Travemünde, wäre es eine Katastrophe. Es brächte außerdem meine ganzen Ruhestandspläne in Unordnung, die zu einem großen Teil daraus bestehen, dass Jana und ich mit einem Drink auf einer Terrasse sitzen, während unsere gemeinsame Pflegekraft den Mittagstisch abräumt. In diesem Plan sind einige Dinge verhandelbar, zum Beispiel Geschlecht und Alter der Pflegekraft (L. hat darauf gepocht) und die Terrasse kann ein Garten sein, aber der Drink und ›mit Jana‹ sind es nicht.

Wir haben diesen Plan schon gemacht, da war L. noch nicht Teil meines Lebens, insofern muss er sich da eben mit abfinden, das ist rein rechtlich so. Zu unser aller Glück sind Jana und L. aber hinreichend kompatibel, dass man ihn miteinbeziehen kann.

DAS HAT ER NOCH NIE GEMACHT: WAS DEM KÖRPER SO ALLES EINFÄLLT

Dass sich der Körper mit den Jahren verändert, das ist auch so eine Allgemeinweisheit, die man schon immer gehört hat. Dass die Haut Falten wirft und die Haare grauer werden, darauf war ich denn auch vorbereitet. – Gut, nicht in dem Ausmaß …

Worauf ich nicht vorbereitet war, ist die Tatsache, dass der Körper praktisch über Nacht zum vierzigsten Geburtstag den Stoffwechsel komplett einstellt. Ich stelle mir das so vor wie eine flackernde Kerze, die mit einem ZISCHSCH plötzlich ihre Existenz beendet.

Und während ich noch immer genauso viel und gerne aß wie vor dem Vierzigsten, machte mein Körper es sich gemütlich: So, hier an den Bauch packe ich den Donut hin und die Oberschenkel polstere ich ein bisschen mit Chips, und das Mousse au Chocolat – das stopfe ich in die Hüften. Es war unfassbar. Wie Mais, der im Topf zu Popcorn aufploppt, ploppten an meinem Körper Pölsterchen auf, die dort definitiv nicht hingehörten, und zwar so schnell, dass ich mit dem Schauen gar nicht hinterherkam. L.'s Stoffwechel hingegen legte einen Gang zu, allerdings nur, was das Produzieren von Hornhaut an den Füßen anging! Bis er sich daran gewöhnt hatte und mit allerlei Utensilien aus dem Drogeriemarkt dieser neuen Laune der Natur entgegentrat, sah er im Fußbereich aus wie ein knotiges Krokodil. Wir beide hoffen, dass diese Verhornung nicht auf andere Körperzonen übergreift. Apropos Füße: Wie sehen die denn aus, bitte? Völlig unbeobachtet haben sich meine Füße in Oma-Füße verwandelt! Mit Original Hühnerauge und dem obligatorischen Überbein! Was ist da passiert?

Es hat sich auch irgendwie die ganze Einstellung zu meinem Spiegelbild verändert.

Wenn ich nach durchzechten Nächten morgens in mein Gesicht im Spiegel schaue, hat das etwas sehr Abschätzendes:

- Wie sieht es aus?
- Wie sehr sieht man die letzte Nacht?
- Was muss ich wohin schmieren, um das Haus verlassen zu können?

Dazu kam noch dieser verwohnte Bauch, in dem das Baby mal war, und alles in allem war ich schon fast in Versuchung, jetzt doch mit Sport anzufangen – da kam mir Gott sei Dank ein weiterer Altersumstand gerade recht: Der abendliche Hunger schrumpfte auf die Größe eines Apfels zusammen. Ich hatte sogar mal eine Tasse Tee zum Abendessen, ist das zu fassen? Also wohlgemerkt nicht eine Tasse Tee *nach der zweiten Portion Gamba-Lasagne*, sondern nur Tee.

Wissen Sie, was noch vor einigen Jahren passiert wäre, hätte ich einen Tee als Abendessen gehabt? Ich wäre verhungert!

Auch neu sind die verschiedenen Geräusche, die ich plötzlich von mir gebe, wenn ich so atemberaubend anstrengende Sachen mache wie vom Boden aufstehen. Klingt immer ein bisschen nach Sex, fühlt sich aber ganz anders an!

Allein schon aus diesem Grund rät seit Neuestem der Hausarzt nicht mehr, mit dem Rauchen aufzuhören – das macht man ja eh kaum mehr –, sondern: »Frau Reinwarth, machen Sie doch mal Yoga!«, und das mir, wo ich schon immer extrem Yoga-trotzig war!

Denn mit Yoga ist das so eine Sache. Das ist ja nicht einfach eine Sammlung von Übungen und damit so etwas Ähnliches wie Geräteturnen. Ich habe zum Beispiel von einer Bekannten einmal den Satz gehört: »Yoga hat mir das Leben gerettet …« So etwas hört man nicht über Geräteturnen. Und dieser Unterschied ist es, der daran schuld ist, dass ich das bis jetzt nicht gemacht habe. Ich hatte immer Angst, ich gehe in einen dieser Yoga-Tempel und wenn ich wieder herauskomme, trage ich ein Permanent-Lächeln im Gesicht und hänge in unserem Garten diese bunten, buddhistischen Gebetsfahnen in die Bäume.

Bei mir fielen auch die meisten Gründe weg, die meine Mitmenschen so zum Yoga treibt:[8]

1. Ich muss mich nicht *entschleunigen*. Wenn ich mich noch ein bisschen mehr entschleunige, wachse ich vermutlich mit dem Hintern am Sofa fest. Ich habe auch kein Burn-out-Syndrom, im Gegenteil, der Stress in der Arbeit hält sich in Grenzen und Stress zu Hause gibt es nur, wenn wir uns nicht einigen können, wer an der Reihe ist mit Saubermachen, oder wenn L. betrunken ist und es wahnsinnig komisch findet, mithilfe seiner Achselhöhle Furz-Geräusche nachzumachen. Sogar

---

8 Folgender Auszug aus: Das Fitnessprojekt, mvg Verlag 2012

wenn irgendeiner der genannten Dinge zuträfe – wenn man von seinem Job, seinem Partner oder aus irgendeinem anderen Grund gestresst ist, dann bin ich dafür, etwas an der Job-Situation oder der Partner-Situation oder an dem anderen Grund zu ändern, anstatt Sonnengrüße zu machen.

2. Andere verspüren den Wunsch, sich zu verbeugen und Danke zu sagen. Der Erde, der Sonne, dem Mond, etwas in der Art. Ich habe nicht das Bedürfnis, mich zu verbeugen. Schon gar nicht vor einem höheren Wesen, der Sonne oder einem anderen Gestirn. Spirituell-religiösen Dingen gegenüber bin ich resistent, Näheres über etwaige Inkarnationen oder Götter sowie deren Existenz und Gesinnung werde ich noch früh genug erfahren, insofern keimt in mir auch keine Hoffnung auf Erleuchtung jedweder Art – von der Lampe im Gang mal abgesehen, die L. schon seit Monaten reparieren will.

3. Die Sorte Faszination, die uralte, überlieferte Techniken und/oder Traditionen, vornehmlich aus exotischen Teilen der Welt (statt, sagen wir, aus der Oberpfalz) auf viele meiner Mitmenschen ausübt, teile ich ebenfalls nicht. Richtig unheimlich wird mir, wenn ich mir die Flut an Leuten ansehe, die sich zu Yoga-Lehrern ausbilden lassen, indem sie das komplette Wissen um diese uralten, überlieferten Dinge in einem 4-Wochen-Kurs im Teutoburger Wald erlernen.

4. In den meisten Hirnen besteht eine Art innere Autobahn zwischen Buddhismus und Yoga. Ungeachtet aller tatsächlichen Gemeinsamkeiten, aber auch aller Unterschiede färbt die Haltung zum Buddhismus: *Das sind die Guten*, auf das Yoga ab.

Außerdem machen ALLE Yoga (so kommt es mir zumindest vor) und was ALLE machen, will ich schon mal nicht.

Aber diese Geräusche, wenn man vom Boden aufsteht ... dachte ich mir jedes Mal wieder und es ist mir ein bisschen peinlich, aber ich mache das mit dem Yoga jetzt. Seit einiger Zeit schon, und mein Yoga-Bashing vergangener Jahre tut mir wirklich leid, denn: Es hilft wirklich. Ich fühle mich nicht nur deutlich wohler und habe weniger Nackenschmerzen, ich mache auch weniger Lärm beim Aufstehen.

Falls Sie auch so lustig stöhnen beim Aufstehen, falls Ihnen Nacken und Rücken schmerzen oder Sie sonst was zwickt: Probieren Sie das aus, das geht gut.

Trotz dieses kleinen Erfolgs überrascht mich mein Körper in einem fort. Neuerdings hat er beschlossen, dass vier bis fünf Stunden Schlaf am Stück völlig ausreichen, was zur Folge hat, dass ich mich die halbe Nacht missmutig hin und her wälze. Missmutig, weil mein Hirn die halbwache Zeit nicht dazu nutzt, um an Johnny Depp zu denken, sondern weil es sich denkt: *Hey, wo du jetzt eh wach bist – hier ist ein schönes Medley deiner peinlichsten Momente der letzten zehn Jahre!*

Aber ich will mich nicht beschweren, ich habe es bis jetzt sehr gut getroffen, besonders im Vergleich mit meinem Freundes- und Bekanntenkreis. Bei selbigem hagelt es beständig Lesebrillen, Wehwehchen und Komplikationen und es hat sogar ein nigelnagelneues Hüftgelenk geregnet: Jana ist jetzt Robocop, zumindest auf einer Seite. Zuvor hatte es beim Spazierengehen mit Jana immer so rhythmisch geklackert. Zeitgleich hat ihr Hund zu hinken angefangen, was im Gesamtbild eine harmonische Sache war. Während der Reha-Zeit nach der Hüft-OP war der Hund trotz Hinkebein deutlich schneller als Jana, die aber mit der Zeit aufholte. Inzwischen hat Jana mit der anderen Hüfte auch Probleme, weswegen der Hund und sie jetzt wieder Kopf an Kopf liegen. Sie nimmt es mit Humor.

Hin und wieder schlägt eine Diagnose ein wie ein Meteorit, teilweise mit Krankheiten, von denen man bis zu dem Zeitpunkt gar nicht wusste, dass sie existieren. Je mehr davon einschlagen, desto mehr breitet sich die wundersame Welt Körper vor einem aus und desto erstaunlicher finde ich, dass er überhaupt funktioniert – zumindest solange keine größeren Systemfehler vorliegen. Gleichzeitig bekommt man auch einen besseren Einblick, in welch geringem Ausmaß die moderne Medizin dieses System begreift, und im Nachhinein kann man eigentlich nur auf die Knie sinken – vorausgesetzt, das geht noch –, dass man so lange ungeschoren davongekommen ist.

Gesundheit ist ja zum einen das Gut, was von allen Menschen am höchsten bewertet wird, gleichzeitig tritt das Glück, gesund zu sein, nur in unser Bewusstsein, wenn ebendieses fehlt. Was ebenso paradox wie verbreitet ist. Womit sich hingegen alle Welt permanent auseinandersetzt, zugegeben die Damen mehr als die Herren, ist der stete Verfall des Erscheinungsbilds, also diese faltengraue Haare-Sache.

Die Menschen um mich herum gehen mit diesem steten Verfall völlig unterschiedlich um. Ich persönlich ignoriere ihn und hoffe auf ein Wunder, das hat schon zuverlässig bei meinen Diäten nicht geklappt, dabei bleibe ich.

L. wiederum hat das große Glück, das viele Männer haben: Mit den Jahren sind seine Schläfen silbergrau geworden, sein Blick intensiver und sein Gesicht markanter, wodurch er besser aussieht denn je (die Sau). Es ist auch völlig egal, ob er Jeans und Schlabber-T-Shirt oder einen Anzug trägt: Es sieht immer prima aus. Wenn ich Jeans und Schlabber-T-Shirt anhabe, sehe ich so ein bisschen verwahrlost aus. Früher ging das noch als charmant durch. Auch dieser ewige, unordentliche Haarschopf auf dem Kopf, irgendwas zwischen zerzaustem Dutt und explodiertem Waschbär, meine Standardfrisur über Jahrzehnte, hat ihren Liebreiz verloren. Ich habe es eingesehen: Es kommt der Moment, da braucht man eine Frisur, die diesen Namen verdient. Schlampig sieht irgendwann nicht mehr cool aus, sondern: schlampig – was leider in direktem Gegensatz zu meiner Bereitschaft steht, aussehensmäßigen Aufwand zu betreiben.

Dafür interessiere ich mich mehr und mehr für die Produkte und Erkenntnisse, die Forschung und Kosmetikbranche so zu bieten haben. Haben Sie gewusst, dass man sich Goldfäden ins Gesicht pflanzen lassen kann? Das ist auch eine dieser Informationen, über die ich früher kopfschüttelnd hinweggeblättert hätte und die ich mir inzwischen kopfschüttelnd durchlese. Keine Ahnung, was ich in zehn Jahren davon halte. Generell hat meine konsequente Ablehnung in Sachen Schönheitsbehandlungen und Korrekturen auf jeden Fall nachgelassen. Noch schrecken die prominenten Gesichter der Boulevardpresse angemessen ab und Jana, Anne und ich bestätigen uns gegenseitig, dass wir mit unserem Naturlook wesentlich besser aussehen als all die glatt gespritzten Galagänse. Keine Ahnung, ob das irgendwann kippt, ich hoffe nicht.

Unterstützung finde ich dabei in den Gesichtern älterer Damen, die der wunderbaren Welt der Schönheitskorrekturen extrem offen gegenüberstehen. Durch einen unglücklichen Umstand durfte ich ein ganzes Rudel davon aus nächster Nähe bewundern:

Eher versehentlich war ich bei der Einweihung eines neuen Gebäudeflügels der Pinakothek der Moderne in München geladen. Ich freute mich auf Häppchen und Sekt für umme, tatsächlich gab es aber nur Vorträge und Reden und Rumstehen für alle. Alles in allem eine eher enttäuschende Veranstaltung und auch etwas langweilig, da außer mir und L. nur sehr geldbelastete, sehr alte, noch dazu durchgehend seriöse und wortkarge Leute da waren. Dort, während der Reden und Vorträge und Danksagungen an die großzügigen Spender, fiel ich vor Langeweile fast in Ohnmacht und schlich mich von meinem Platz am äußeren Rand der Stuhlreihe zur Toilette. Als ich wieder zurückkam, hatte ich einen guten Blick auf das Publikum, das von ihren Stühlen aus gebannt dem Redner lauschte. In den ersten zwei Reihen saßen fast nur Damen um die sechzig in eleganter Robe und blinkendem Geschmeide, und sie alle hatten eines gemeinsam: Sie hatten keine Falte auf der Stirn, einen leicht erschreckten Gesichtsausdruck und unnatürlich volle Lippen. So weit, so unheimlich. Was einem aber wirklich Angst einjagen konnte, war, dass sie sich alle in regelmäßigen Abständen schnell wie ein Gecko mit der Zunge über ihre Lippen fuhren. Zack, von einer Seite zur anderen. Nach kurzer Zeit wieder, zack!

Anscheinend, so erfuhr ich später, verursachen die aufgespritzten Lippen ein ständiges Gefühl von Trockenheit auf selbigen, weshalb die Damen ständig den Drang haben, sie zu befeuchten. Wenn man das nicht weiß, kann es sein, dass man verschreckt seinen Liebsten an der Hand nimmt, ihm ins Ohr flüstert: »Lass uns hier verschwinden, hier stimmt was nicht!«, und sich den Rest seines Lebens mit seiner Panik vor einer Gecko-Apokalypse in der Pinakothek der Moderne aufziehen lässt.

Warum beweist so viel geballtes Geld so wenig Geschmack, frage ich mich, die Damen sind ja nicht durch die Bank bescheuert. Aber vielleicht sind irgendwann die Verzweiflung oder die Verlockung größer als die Vernunft. Wenn das jemals so sein sollte, werde ich an die Geckos denken.

Und an die schönen, älteren Frauen.

Ist Ihnen das schon aufgefallen? Dass manche Frauen auch in fortgeschrittenem Alter noch blendend aussehen? Und zwar nicht, weil sie weniger Falten hätten als ihre Freundinnen oder tatsächlich objektiv jünger aussehen würden.

Da ist Concha, einen Kopf kleiner als ich, schmal und Mitte sechzig, mit feuerroten Haaren, blitzenden blauen Augen und einem Faible für bunte Klamotten. Sie war schon immer politisch sehr aktiv und noch immer ist sie innerhalb von zehn Sekunden auf 180, wenn es um Themen geht, die ihr am Herzen liegen. Sie tanzt gerne, sie hört gerne Musik, sie besucht eine Schreibwerkstatt und geht gerne mit ihrer besten Freundin aus. Niemand lacht so oft wie Concha und kein Lachen klingt so schön wie ihres. Sie kifft, sie kann einem Gin Tonic nur schwer wiederstehen und bei Veranstaltungen jeder Art sagt sie nie Auf Wiedersehen, sondern ist irgendwann immer einfach verschwunden, wie Aschenputtel auf dem Ball.

Allerdings kann man Concha aber auch ganz anders beschreiben, nämlich so: Sie ist klein und während ihrer Krebserkrankung hat sie ziemlich an Gewicht verloren. Ihr Mann hat sie vor ein paar Jahren für eine Jüngere verlassen, von ihren erwachsenen Söhnen ist einer bipolar, was heißt, dass er sich hin und wieder trotz Medikament in eine Manie versteigt oder in die Depression fällt. Sie wohnt abgelegen auf dem Land, in einem Dorf, in dem es weder Geschäfte noch Kneipe gibt, und ihre Freunde sind nach und nach weggezogen. Es gibt keinen neuen Mann in ihrem Leben und ihre Rente ist kümmerlich … Beide Beschreibungen stimmen, aber niemand, der Concha kennt, würde sagen, dass die zweite zutrifft.

Genauso ist es bei Ingeborg, einer hochgewachsenen Erscheinung mit einer weißen Igelfrisur und immer rot geschminkten Lippen. Sie arbeitet als Bibliothekarin an der Universität und genießt den täglichen Kontakt mit den Studenten dort. Wenn sie erzählt, wirft sie ihre langen Arme in die Luft und die großen Ohrringe schlackern.

Aber auch die stilleren Erscheinungen können bezaubern, ob mit einem großen Herzen, mit Klugheit oder spitzbübischem Lächeln. Immer, wenn man eine ältere Frau sieht und sich denkt: So könnte es gehen! – dann fällt einem auf, dass ihre Schönheit zeitlos ist, dass ihre positive Energie alle Falten überstrahlt. Man ist gern in ihrer Nähe und allen ist gemein, dass sie mit jungen Menschen total kompatibel sind! Irgendwie kam bei ihnen nie der Moment, in dem sie sich bräsig zurücklehnen und überzeugt sind, sie wüssten nun, wie der Hase läuft, und sagen: Komm du erst mal in mein Alter, Häschen ...

Vielleicht ist dies das einzige Geheimnis, das wirklich von Belang ist. Egal welche Haar- oder Augenfarbe, egal welcher BMI oder welcher Kleidungsstil: Wichtig ist die Lebenseinstellung. Die Neugier, das Interesse, das Aufgeschlossen-Bleiben. Die Welt nicht abzuschreiben und sich selbst auch nicht.

Letztendlich ist es tatsächlich unser Leben, das sich in unser Gesicht gräbt: Komplexe, Schuldgefühle und Hass machen hässlich. Aufgeschlossenheit, Liebe und Glück und Engagement machen schön. – Und näher kann man einem Jungbrunnen nicht kommen.

ABSCHIEDE

Wenn man Glück hat, wird man mit Abschieden erst im fortgeschrittenen Erwachsenenalter konfrontiert – was nicht heißt, dass es das irgendwie besser macht. Für jeden kommt die Ungeheuerlichkeit zu einem anderen Zeitpunkt im Leben das erste Mal.

Zu mir kam sie das erste Mal, als der Verlobte meiner besten Freundin starb. Im Sommer wollten sie heiraten, im Frühling stürzte er beim Klettern ab, tot. Als hätte jemand das Licht ausgemacht, zack, weg.

Das geht nicht, war die erste Reaktion, *das kann gar nicht sein.* Noch während wir uns alle in einer Art Schockstarre befanden, war die Beerdigung. Ein verregneter Tag, eine katholische Kirche, »Der Herr hat ihn zu sich gerufen!«, Glockengeläut, dann wurde der Sarg vorbeigetragen und er sah viel zu klein aus.

Und als alles vorbei war, waren wir immer noch der Überzeugung, *das geht nicht, das kann gar nicht sein*. Aber es war eben doch so.

Als die Ungeheuerlichkeit das nächste Mal passierte, wusste man schon: Es passiert tatsächlich. Besagte Freundin folgte ihrem Verlobten ein paar Jahre später, gestorben an einem verdammten Krebs.

Menschen sterben, und es gibt Verluste, die sind fast nicht auszuhalten und schmerzen für immer. Aber jedes Mal, wenn es passiert, wird klarer: Das gehört dazu zum Leben.

Die Welt ist nicht gerecht und niemand hat gar einen Anspruch, auf ihr zu leben, höchstens Glück. Das versteht man, wenn die Ungeheuerlichkeit passiert, dann versteht man es mit dem Herzen.

Von dort kommt dann die Stärke, die entsteht, wenn man sich der Vergänglichkeit des Lebens bewusst ist und es trotzdem und gerade deswegen hochleben lässt. Zum Leben! Zur Liebe! Zu Kindern und Hochzeiten! Feiern und am Meer sitzen, Leidenschaft und Drama, Zufriedenheiten und Dankbarkeit. Denn mit derselben Tiefe, mit der man den Tod und die Trauer spürt, sollte man auch das Leben und die Freude spüren. Und auch die Stärke, die daraus entsteht, dass man weiß, dass aus jedem schwarzen Loch irgendwann ein Tunnel wird und jeder Tunnel wird irgendwann ein wenig heller – und dass man auch mit einem Schmerz im Herzen weiterleben kann.

Dass wir älter werden dürfen, ist ein Privileg, für das wir dankbar sein können.

GELASSENHEIT UND RELATIVITÄT

In der Welt der Werbung, in der ich manchmal arbeite, ist die Überzeugung verbreitet, dass nichts – und zwar gar nichts – so wichtig ist wie die Kampagne, an der gerade gearbeitet wird. Zum Beispiel die Shampoo-Kampagne. Leute in meinem Arbeitsumfeld haben Nervenzusammenbrüche bekommen wegen Shampoo. Ich auch.

Wir hatten über zwei Monate ausschließlich 14-Stunden-Tage und haben uns von Pizza aus dem Karton ernährt. Mit der zuständigen Produktionsfirma brüteten wir über Castings und Haar-Models, Locations und ob das ausgewählte Badezimmer die richtigen Badezimmerfliesen hatte und was es kosten würde, diese auszutauschen. Welche Accessoires sollten rumstehen, was sollte das Model anhaben, wie kämen alle Beteiligten zum ausgewählten Badezimmer (das sich in Barcelona befand) und wie zum Hotel – und wer drehte den ganzen Scheiß? Wie groß wäre die künstliche Sonne vor dem Badezimmerfenster, falls die echte nicht schien, und welcher Kran brächte sie dorthin? Was sind die Alternativen, die man dem Shampoo-Kunden vorschlagen könnte, und was kosten die im Vergleich? Dazwischen die dringende Rückfrage vom Shampoo-Kunden: Welche Restaurants man in Barcelona empfehlen könne? Und ob es da glutenfreies Brot gäbe?

Wir waren Shampoo-Zombies. Das war so weit normal, denn bei jedem Projekt verwandelten wir uns in Zombies, egal um was es ging. Zwischen den Projekten war es ruhiger und man konnte entspannen, aber sobald ein neuer Job bestätigt wurde, PÄNG!, waren wir auf 180.

Diese Arbeitsweise trieb verschiedene unschöne Blüten:

- Unser Chef trank bei Stress wie immer zu wenig Wasser und saß dann wegen Verstopfung stundenlang auf dem Klo (und telefonierte von dort mit uns).
- Ich stritt mich mit L., weil der nicht einsah, dass ich die Samstage/meinen Geburtstag/unseren Jahrestag mit dem Erstellen eines kleinen Heftchens mit allen relevanten Telefonnummern, Namen, Locations und den besten Restaurants von Barcelona mit glutenfreiem Brot verbrachte.
- Alle Menschen, die nicht an der Shampoo-Kampagne arbeiteten, also zum Beispiel meine Mutter, meine Freunde sowie der Rest der Welt, hielten mich für vollkommen übergeschnappt.
- Erst im Nachhinein aufgefallen: Ich war in Barcelona, habe aber nur den Flughafen, das Hotel und ein Badezimmer gesehen.

Es gab natürlich auch schöne Dinge:

- Durch den gemeinsamen Stress, der für die Welt da draußen nicht nachvollziehbar war, ergab sich ein sehr starkes Zusammengehörigkeitsgefühl.
- Wir kannten alle Pizza- und Sushi-Boten mit Namen.
- Es gab Geld dafür.
- Und man erfuhr viel über Shampoos!

Aber zurück: Die allgemeine Aufregung steigerte sich ins Unendliche, und kurz bevor wir alle Magengeschwüre bekamen, ging der Flieger nach Barcelona, in das zweitteuerste Hotel am Platz. Da saßen wir nun. Perfekt vorbereitet, hoch motiviert – und zum Scheitern verurteilt. Denn: Über Nacht waren Regisseur und Kameramann verschwunden. Sie waren nicht auf ihrem Zimmer, sie waren nicht erreichbar und niemand hatte die beiden gesehen. Die Kunden saßen am Drehtag morgens um sieben abfahrbereit im Auto, der Rest der Mannschaft im Transporter, alles war bereit und die zwei wichtigsten Affen im Zirkus fehlten. Mit der allgemeinen Panik gingen alle unterschiedlich um: Die Leute von der Produktion riefen alle Polizeistationen und Krankenhäuser an, die Kunden sahen auf ihre Uhren und ich kaute an meinen Fingernägeln und dachte: *ScheißeScheißeScheiße*. Jeder, wie er kann. Als die Vermissten zwei Stunden später immer noch nicht aufgetaucht waren, wurde mir allmählich schlecht. Die Kunden saßen im Frühstücksraum des Hotels und ich stürmte durch ebendiesen hindurch auf die Toilette. Als ich wieder herauskam, sah ich wohl nicht so gut aus, denn einer der Kunden, ein älterer Herr mit weißem Haarkranz, sah mich besorgt an: »Was ist mit Ihnen? Geht es Ihnen nicht gut?«

Natürlich ging es mir nicht gut! Mir drehte sich permanent der Magen um! Wenn die beiden Idioten nicht auftauchten, konnten wir das Ding in die Tonne hauen!

»Ich bin etwas besorgt«, gab ich denn auch zu, was die Untertreibung des Jahrhunderts war. Herr Shampoo deutete auf den Stuhl gegenüber von sich: »Setzen Sie sich doch einen Moment, bitte.« Und damit rutschte mir das Herz vollends in die Hosen. Herr Shampoo würde mir jetzt die Leviten lesen, so viel war klar. Eigentlich sollte mein Chef hier sitzen, aber der saß vor Aufregung wahrscheinlich schon wieder auf seinem Topf.

»Sehen Sie«, fing er an und sah mir dabei fest in die Augen, »wir operieren hier niemanden am offenen Herzen. Es passiert absolut gar nichts, während wir hier sitzen. Es ändert sich auch nichts, wenn Sie sich verrückt machen. Was soll denn schon passieren? Was ist das Schlimmste, was passieren könnte?«

»Ähh«, stammelte ich, »das Schlimmste, nun – ein Totalausfall! Die beiden haben sich nach Südamerika abgesetzt und es wird nicht gedreht!« Herr Shampoo schmunzelte freundlich. »Genau. Das Schlimmste, was passieren könnte, wäre, dass der Zeitpunkt, an dem die breite Öffentlichkeit etwas über die Vorteile unseres Shampoo erfährt, nach hinten verschoben wird.« Dann zuckte er mit den Schultern. »Das ist alles. Mehr passiert nicht.« Ich sah ihn eine Zeit lang an wie ein Schaf. »Und die Unkosten?«, fiel mir noch ein. »Das sind ja Zigtausende, die da verpuffen!« Aber der Kunde winkte nur ab. »Zahlt die Versicherung.« Ich war platt. Dann bestellte der Shampoo-Kunde mir einen Kaffee, »und zwar den richtigen, aus der Maschine, nicht die Büfett-Plörre«.

Die beiden Vermissten tauchten gegen Mittag wieder auf, sie waren die Nacht zuvor in einer Bar, in der gerade ein paar Dealer festgenommen wurden, und irgendjemand hatte beschlossen: Die beiden nehmen wir auch noch mit.

Als ich die entzückten Schreie meiner Kollegen hörte, es könne nun losgehen, war ich zwar froh, aber froh im Sinne von *Gott sei Dank, es geht ihnen gut* und auch im Sinne von *super, wir schaffen es doch noch*, aber nicht im Sinne von: *Oh my God! Wir sind knapp dem Weltuntergang entkommen!*

Die Shampoo-Herren haben mir einen kleinen Schubs gegeben, die Dinge an ihren Platz zu verweisen. Ich bin ihnen dafür sehr dankbar (und L. im Übrigen auch). Was mich am Anfang noch enorm gestört hatte, nämlich dass wir uns verrückt machten, dass alles klappt rund um das Shampoo, und die Herren sich lediglich um eine angemessene Verpflegung kümmerten, wandelte sich in die Überzeugung: Die machen das genau richtig.

Mit etwas Übung mache ich zwar heute meinen Job genauso gut und effektiv und ich zermartere mir durchaus mein Hirn und auch Überstunden sind drin, aber Magengeschwüre riskiere ich wegen Shampoo, Anhängerkupplungen oder Hundefutter nicht mehr. Ich bin ja nicht bescheuert. Bei neuen Projekten versuche ich denn auch, mit Leuten zusammenzuarbeiten, die dieses Prinzip ebenfalls verinnerlicht haben, der Arbeitstag ist weniger stressig mit ihnen. (Außerdem kennen sie die besseren Restaurants …)

Diese Gelassenheit kann man auch hervorragend mit nach Hause nehmen. Dort laufe ich zwar nicht Gefahr, mir Magengeschwüre einzufangen, aber ich mache mir völlig unnötigen Stress. Anstatt die wichtigen Dinge zu sehen:

- L. ist ein wunderbarer Mann …
- … und ein toller Vater …

... sehe ich oft nur herumliegendes Zeug, das er nicht aufräumt, oder dass er den Kopf in den Sand steckt, wenn es Probleme gibt, außerdem ist er unpünktlich, er versucht, schweizerisch zu sprechen, wenn er betrunken ist, und Blumen oder sonst eine Aufmerksamkeit habe ich das letzte Mal bekommen, da gab es noch die D-Mark. Und er rülpst.

Wenn man sich da ein bisschen wegzoomt und L. aus einiger Entfernung ansieht, kann man das relativieren. Deswegen tut es auch so gut, sich mit dem Liebsten unter Leute zu begeben: Immer, wenn ich in einer vollen Bar stehe oder am Esstisch von Freunden sitze und aus den Augenwinkeln L. ansehe, fällt mir wieder auf, was für ein großartiger Kerl er ist. Wenn er dann meinen Blick auffängt und mich komplizenhaft anlächelt, läuft mir glatt das Herz über. Das ist es, was zählt. Scheiß auf die Blumen. Auch wenn er sich mal danebenbenimmt, unrecht hat oder ungerecht ist – das kann mal passieren, mir passiert das auch. Es ist nicht nötig, dann jedes Mal eine Diskussion anzufangen. Im Gegenteil: Meist merkt L. das ja selbst und dann ist er es, der Stunden später oder am nächsten Tag sagt: »Du, ich glaube, ich habe da komisch reagiert …« – oder etwas in der Art. Und umgekehrt entschuldige ich mich: »Das gestern tut mir leid …«, und dann nickt L., denn er weiß haargenau, was ich meine, und streichelt meine Hand: »Ist schon in Ordnung.« Es fallen so viele Streitigkeiten weg, die oft nur aus der Hitze des Moments entstehen und völlig unnötig sind.

Bei meiner lieben Single-Jana hat die Gelassenheit in Sachen Liebesleben ganz andere Auswirkungen. Ihr läuft zwar auch regelmäßig das Herz über, aber eben für ganz verschiedene Männer.

»Ich bin inzwischen mehr Reggae als Rock«, vergleicht Jana musikalisch ihre Abgeklärtheit. Als die erste große Liebe endete, dachte sie noch, sie käme niemals darüber hinweg. Das war in den Achtzigern, sie sang daraufhin über mehrere Wochen lauthals und tränenüberströmt:

Wherever you go
Whatever you do
I will be right here waiting for you
Whatever it takes

Or how my heart breaks
I will be right here waiting for you

Und *Every breath you take* von The Police. Sie war überzeugt, dieser Schmerz wäre der schlimmste Schmerz und sie würde vermutlich daran sterben. An gebrochenem Herzen. Sie hat das inzwischen relativiert, denn sie weiß: An einem gebrochenen Herzen stirbt man nicht. Das Leben geht einfach weiter und die Welt dreht sich, als wäre nichts geschehen.

Inzwischen bricht ihr zwar immer noch ab und an das Herz, aber sie weiß, das geht vorbei. Und sie singt auch nicht mehr über das Ende der Welt oder darüber, dass etwas ›für immer‹ oder ›nie mehr‹ sein wird, sie macht da generell keine Zeitangaben mehr. Stattdessen legt sie von UB40 die alte Nummer *Red, red Wine* auf:

Red, red wine goes to my head,
Makes me forget that I still need her so

... und schüttet dann in großen Mengen red wine in sich hinein. Und irgendwann kommt wieder eine Liebe. Sich darauf einzulassen, obwohl man nach all den Jahren schon weiß, dass einem vermutlich wieder das Herz gebrochen wird, ist einer der Gründe, warum man Menschen ganz wunderbar finden kann.

Diese Einsicht, dass sich alles wiederholt, macht Pathos generell schwer. Um bei der Musik zu bleiben: Wenn aus dem Radio James Blunt jammert, dass er die Sehnsucht nach dieser Frau, die er 1987 mal in der Metro gesehen hat, nicht aushalten kann, denke ich mir nur: *Ist ja gut, es wird schon wieder werden, hm?*

Aber auch wenn zum Beispiel Rammstein brüllt, wie schlimm wieder irgendwas blutet, dann winke ich genauso ab. Ich kann das einfach nicht mehr ernst nehmen. Und das vermisse ich ein bisschen. Diese ganz großen Emotionen, mit denen man in Liedern untergehen konnte ...

Eine völlig unrepräsentative Umfrage im Freundeskreis hat folgende Einteilung der Musik ergeben:

- Die Musik, die man früher gern gehört hat und die man zu vorgerückter Stunde immer noch gerne mitgrölt. Etwas zu viel Alkohol hilft dabei. Das Gefühl ist aber eher Nostalgie als echtes Pathos. Man erinnert sich an die Gefühle, die man früher dabei hatte. (Was man in den Neunzigern eben alles gut fand, z. B. Nirvana & Soundgarden.)
- Virtuose Musik, die man toll finden kann, einfach wegen einer herausragenden Technik, unglaublichem Talent oder geschickten Arrangements. Das ist mehr Bewunderung als Pathos, es hat mit einem selbst wenig zu tun. (Z. B. Paco de Lucia & Keith Jarrett)
- Musik, bei der man zwar den künstlerischen Anspruch erkennt, versteht und gutheißen kann, die man aber nicht anhören will. (Z. B. jede Gruppierung, die sich der Stilrichtung ›Noise‹[9] verschrieben hat)

---

9 Noise, also ›Krach‹ oder ›Lärm‹, beschreibt die Sache ganz gut: Es ist eine Musikrichtung, bei der man aus dem Stand nicht weiß, ob da irgendwas kaputt ist, abgerissen wird, jemandem sehr wehgetan wird oder ob es Musik ist. Auch nach intensivem Hinhören lässt sich dahingehend keine eindeutige Aussage machen, wenn aber eine Bühne und Menschen mit Instrumenten anwesend sind, kann man davon ausgehen, dass es sich um Noise Music handelt. Oder es ist etwas kaputt.

- Wirklich wenige Lieder, die man mit etwas Größerem verbindet und die einen berühren. (Z. B. *Space Oddity* & *Freude schöner Götterfunken*)
- Musik, die fantastisch ist, aber leider totgeritten. (Z. B. *No Woman, No Cry* oder *Passenger* von Iggy Pop)

Dann Musik, die man ganz nett findet und die einen gut drauf bringt sowie natürlich den ganzen unerfreulichen Rest.

Bei solchen Umfragen im Freundeskreis kann es leicht zu Handgemengen kommen, einfach weil die Musik, die beim einen unter dem ganzen unerfreulichen Rest läuft, vom Nebenmann als wirklich fantastisch gefeiert wird. Aber in einem waren sich alle einig: Die Erfahrung, dass man eine Platte hört und sich diese als eine Art Offenbarung darstellt, als Erweckungserlebnis, das das eigene Leben verändert (am meisten genannt: *The Wall* von Pink Floyd), das gibt es nicht mehr.

Überhaupt noch mal derart in Verzückung zu geraten, ist eine Sache, die viele vermissen, und vielleicht ist auch deswegen die Verlockung so groß, sich noch mal in eine Verliebtheit zu stürzen, denn da ist Verzückung garantiert.

Man muss tierisch aufpassen, dass die Abgeklärtheit, mit der man manches abwinkt, nicht ins Arrogante lappt. Mir passiert das permanent. Wenn mir die kleine Punkerin an unserer Ecke erklärt, alles wäre scheiße und die Kapitalisten wären Schweine, und mich gleichzeitig um einen Euro anschnorrt – dann kann es sein, dass ich genervt die Augen verdrehe. Es kann sogar sein, dass ich sie frage, warum ich Kapitalistenschwein ihr einen Euro geben sollte. Und das ist ziemlich genau die Frage, die meine Mutter mir gestellt hat, als ich ihr mit bunten Haaren und zerrissener Hose erklärt habe, alles wäre scheiße und die Kapitalisten wären Schweine, und sie gleichzeitig um eine D-Mark anschnorrte …

Wenn ich der Punki an der Ecke jetzt noch erkläre, dass ihr Outfit darauf hinweist, dass sie sich über die Zugehörigkeit zu einer bestimmten Szene definiert und dass dieser Dogmatismus meist bei Leuten zu finden ist, die bei Mutti wohnen und die sich durch Abgrenzung eine Identität schaffen wollen – dann bin ich endgültig zu meiner Mutter geworden.

Ich versuche, nicht abzuwinken.

Auch nicht, wenn mir das reizende, junge Hippie-Pärchen erklärt, wie wichtig ihnen der Schutz von Mutter Natur ist – um dann in ihren alten VW-Bus zu steigen, der nicht nur sehr hübsch bemalt ist, sondern auch mehr Abgase raushaut als ein Geschwader Kampfjets. Auf all das kann man hinweisen, wenn man möchte, oder es im Fall eines Streits auch verwenden, aber die Betreffenden von vornherein durchzuwinken, ist ungerecht. Man darf sich auch nicht lustig machen über den Studenten, der bei uns im Haus wohnt und sich zwar vegan, laktose- und glutenfrei, selbstverständlich nur Bio und Vollkorn ernährt, der sein Waschmittel selbst herstellt und das Haus nur mit Essigwasser reinigt, wegen der Gifte, aber täglich eine Schachtel Zigaretten wegraucht. Jeder, wie er kann.

Generell bemühe ich mich, nicht auf Durchzug zu schalten, wenn mir sehr junge, sehr unerfahrene Leute zu erklären versuchen, wie die Welt wirklich ist, wie sie sein sollte und was man genau zu tun hat, damit sie endlich so wird wie gewünscht (auch wenn mir das manchmal wirklich schwerfällt). Ich kann mich erinnern, dass ich schon einige Male in meinem Leben der festen Überzeugung war, ich hätte den Schlüssel für eine bessere, gerechtere Welt gefunden (Meditation/bedingungsloses Grundeinkommen/Vegetarismus), und auch ich versuchte, mein Umfeld an meiner grandiosen Entdeckung teilhaben zu lassen. Was sich mein Umfeld im besten Fall mit einem freundlichen »*Ah*« anhörte oder im schlechtesten Fall die Augen verdrehte.

Nach dieser Erfahrung versuche ich nicht mit zu viel Realistik reinzugrätschen, man stelle sich nur mal vor, die Jugend hätte diese Ambitionen nicht mehr, das wäre erst mal gruselig. Aber auch wenn ich es für mich behalte, ändert sich nichts an der Tatsache: Ich bin in dem *Komm-erst-mal-in-mein-Alter-Alter!* Das ist der Schwanzvergleich der Alternden.

Und das setzt sich fort – wenn ich hier über Midlife-Crisis und Falten schwadroniere, winken die Siebzigjährigen nur ab und deuten auf ihre Arthrose.

Es wiederholt sich eben alles und das ist auch so eine Sache: Entwicklung verläuft nicht linear.

ENTWICKLUNG IST NICHT LINEAR

Das ist eines der ganz großen Missverständnisse, denen man mal aufgesessen ist, oder? Dass Fortschritt fortschreitend ist. In meinem Kopf war die Vorstellung davon, wie die Welt sich so entwickelt, eine stete Sache:

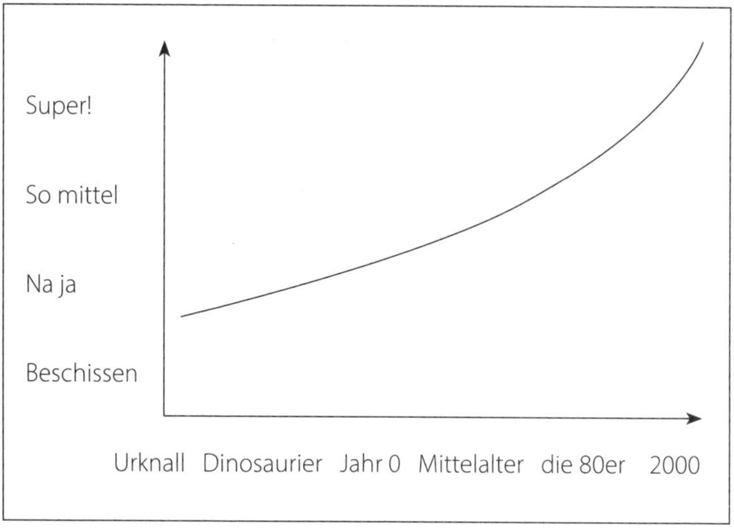

Weit gefehlt. So läuft es schon mal nicht.

Es werden natürlich großartige Entdeckungen in den Naturwissenschaften gemacht und die Medizin hat seit dem Mittelalter wirklich einiges vollbracht, verstehe mich niemand falsch. Ein Hoch auf die Wissenschaft! Aber nachdem wir in der Schule damals die Aufklärung (so um 1700 war die) durchgenommen hatten, habe ich mir von der Welt und ihrer Geschichtsschreibung schon erwartet, dass es einigermaßen nach oben geht. Tut es aber nicht.

Neunzig Prozent der Amerikaner glauben noch nicht mal an die Evolutionstheorie: dass die ersten Lebewesen aus Materie entstanden sind, dass einfache Lebensformen zu immer komplexeren Formen wurden und dass aus einer Linie von Primaten die Menschen hervorgingen. Die sagen, Darwins Theorie stimme nicht, der Herrgott war's.

Und haben Sie mal Fotos aus Beirut gesehen, so aus den 50ern? Ich habe die im National Geographic entdeckt und ich schwöre: Sie sah aus wie eine europäische Stadt! Ich habe dann ein bisschen recherchiert (im Internet gesurft) und ganz viele Fotos gefunden, aus dem Libanon, aus Ägypten, aus Syrien und dem Iran, und man sah: Frauen in kurzen Röcken und Kleidern, Studiensäle in der Universität von Kabul, in denen Männer und Frauen gleichermaßen sitzen, und wenn die arabische Schrift im Hintergrund nicht wäre, Sie kämen im Leben nicht drauf, wo diese Aufnahmen einer belebten, internationalen Stadt entstanden sind. Man mag gar nicht glauben, was dort *fortschreitend* passiert ist.

Ich dachte auch, dass sich das mit dem Feminismus irgendwann in Luft auflösen wird, zumindest in unserem Teil der Welt und in absehbarer Zeit, also irgendwann während meines Lebens. Irgendwie hat es das auch, aber nicht etwa, weil diese Idee von den gleichen Rechten für Frauen inzwischen umgesetzt wurde, sondern weil es in der Realität von jungen Frauen heute immer weniger Thema ist.

»Für was habe ich eigentlich damals meine BHs verbrannt?«, seufzte meine Mutter, als ich ihr das Konzept der Fernsehsendung ›Der Bachelor‹ erklärt habe. Irgendwas ist da rückläufig.

Haben Sie mal die Kinderbücher von heute gesehen? Da sind die Geschlechterrollen dermaßen fest zementiert, dass die 70er laut aufheulen vor Schmerz. Alle Personen, die mit Abenteuer zu tun haben, sind Jungs. Mädchen sind höchstens ein Side-Kick oder eben Prinzessinnen. Keine Pipi Langstrumpf, keine Ronja Räubertochter, keine Rote Zora und keine Luzie, ihrerseits Schrecken der Straße. Uns hat eine wohlmeinende Omi mal so ein beknacktes ›Bobo Siebenschläfer‹-Buch geschenkt. Wissen Sie, was Mama Siebenschläfer macht, wenn es ein Problem gibt? Sie ruft Papa Siebenschläfer an! Es ist zum Kotzen.

Entwicklungen wiederholen sich oder können rückläufig sein, mach was …

Trotz dieser echt miesen Nachrichten gibt es Hoffnung – wenn man den Zeitrahmen etwas größer spannt und das große Ganze, nämlich die Weltbevölkerung betrachtet:

Um 1820 lebte nämlich noch ein großer Teil der Menschheit in extremer Armut – das sind heute nur noch zehn Prozent der Weltbevölkerung. Besonders seit den 1850ern ging es stark aufwärts. Auch der Anteil der Menschen, die lesen können, ist von zehn Prozent (1800) auf 85 Prozent (heute) gestiegen und die Kindersterblichkeit ist in den letzten 200 Jahren zehnmal (!) weniger geworden. Während im Laufe des 19. Jahrhunderts noch ein Drittel der Weltbevölkerung in kolonialisierten Ländern lebte und so gut wie alle anderen in autokratischen Staaten, schritt die Demokratisierung stetig, aber ohne Hast voran. Ebenso erfreulich ist die Entwicklung der Bildung. Und nicht einmal das Horrorszenario der ins Unendliche wachsenden Weltbevölkerung entspricht noch dem heutigem Wissenstand.

Kennen Sie das Internationale Institut für Angewandte Systemanalyse (IIASA)? Es ist ein internationales Forschungsinstitut mit Sitz in der Nähe von Wien. Es wurde auf Initiative der Vereinigten Staaten von Amerika und der Sowjetunion während des Kalten Krieges als Brücke zwischen Wissenschaftlern aus Ost und West gegründet, der Forschungsschwerpunkt liegt auf dem globalen Wandel unserer Zeit. Am IIASA sollen etwa 200 Mathematiker, Geisteswissenschaftler, Naturwissenschaftler, Wirtschafter und Technologen aus mehr als 35 Ländern forschen.

Sie haben auch noch nie davon gehört, oder? Das beruhigt mich, ich nämlich vorher auch nicht. Und das, obwohl dieses Institut den nicht geringen Auftrag hat, *»mit Hilfe der angewandten Systemanalyse Lösungen für globale und universelle Probleme zum Wohl der Menschen, der Gesellschaft und der Umwelt zu finden und die daraus resultierenden Erkenntnisse und Richtlinien den politischen Entscheidungsträgern weltweit zur Verfügung zu stellen«*.

Klingt gut, oder? Was die Weltbevölkerung angeht, erwarten die Forscher durch die heutige niedrigere globale Geburtenrate, dass die Zahl der Kinder ab jetzt abnehmen wird – es wird nie mehr Kinder auf dem Planeten geben als heute. Außerdem erwarten die Forscher der IIASA, dass die Weltbevölkerung im Jahr 2070 ihren Höhepunkt erreichen und danach abnehmen wird. Wenn das mit der Bildung nur einigermaßen so weiterläuft, werden wir im Jahr 2100 etwa 7 Milliarden Leute haben, die eine höhere Schulbildung haben! Und Bildung ist der größte Faktor zur Verbesserung der Gesundheit, der zunehmenden politischen Freiheit und der Beendigung der Armut. Also wenn das nicht ermutigend ist, dann weiß ich auch nicht …

Es läuft also nun nicht gerade so:

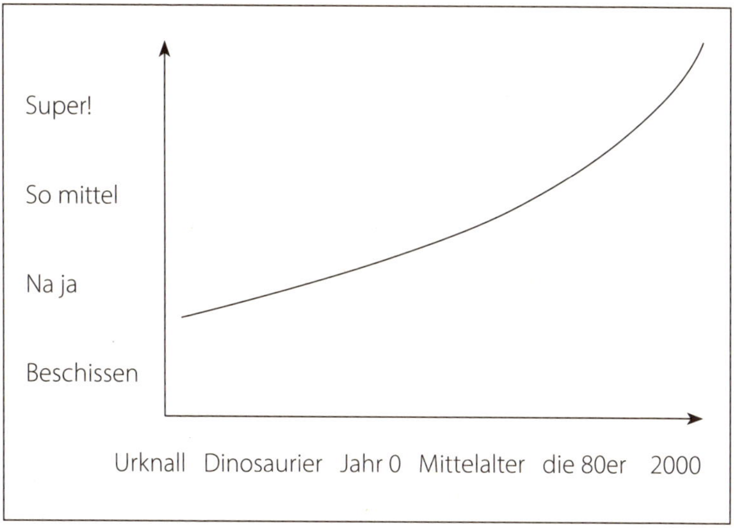

Sondern vielleicht eher so:

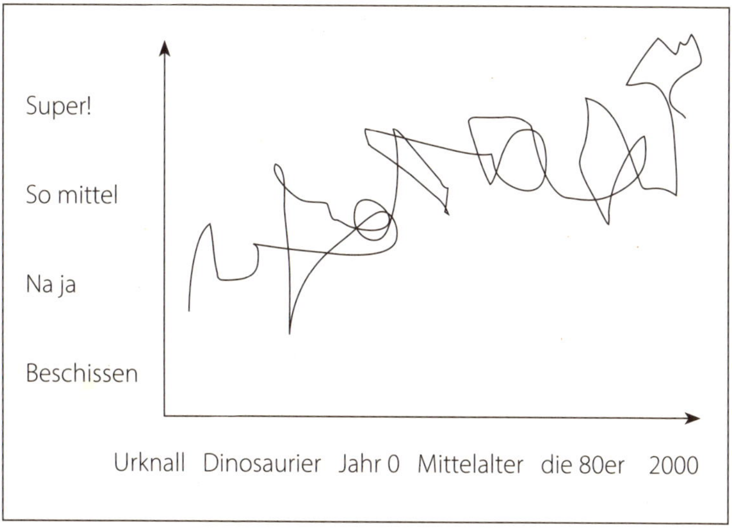

Mut machen? Kann ich!

MAN KENNT SICH (SELBST)

Auch so eine hervorragende Sache: Man weiß mit den Jahren viel besser, was man kann, was man nicht kann, was einem liegt, was man will und vor allem: was man nicht will.

Man kann dann sogar, und das ist eine ganz großartige Sache, unterscheiden zwischen Dingen, die man zwar toll findet, aber eben nicht für sich selbst.

Hotpants zum Beispiel sehen wirklich heiß aus – aber eben nicht an mir. (Hätte mir das mal jemand mit 15 gesagt …) Und auch Heilfasten finde ich prinzipiell eine wunderbare Idee – solange ich es nicht machen muss.

Man wird Moden und generell Zeitgeist-Erscheinungen gegenüber etwas zurückhaltender. Man weiß, dass da, wo ›modern‹ draufsteht, selten etwas Modernes zu finden ist und dass amerikanische Wissenschaftler in der Regel etwas herausfinden, von dem sie nach ein paar Jahren genau das Gegenteil herausfinden. Wie die Sache mit dem Spinat: Generationen von kleinen Kindern sind mit dem grünen Brei traktiert worden – bis man herausfand, dass der gar nicht so gesund ist wie gedacht – es hatte sich ein Wissenschaftler mit der Kommastelle vertan. An die Geschichte denke ich, wenn es heißt, man müsse jetzt ›clean‹ essen (eaten),

Low Carb machen und ohne Quinoa und Chia-Samen ginge gar nichts, ernährungstechnisch.

Hachja, denke ich mir da und stopfe mir noch ein Ferrero Küsschen in den Mund. Dieses *Hachja* ploppt auch auf, wenn ich sehe, dass Neonfarben wieder modern sind, wenn Faszientraining plötzlich unverzichtbar ist oder mir der Verlag rät, dass ich als Autorin unbedingt einen Blog schreiben sollte. *Hachja.*

Großen Anklang finden auch immer Theorien, die sich um das Entledigen von Krempel drehen. Ob den Kleiderschrank ausmisten oder Detox für den Körper, Ballast loszuwerden scheint ziemlich wichtig zu sein. Das mit dem Kleiderschrank habe ich vor Jahren tatsächlich mal ausprobiert – in der Annahme, 3,5 Millionen Leser können nicht irren, genauso viele haben nämlich den Ratgeber *Simplify your Life*[10] gekauft. Dieser hatte mir empfohlen, gründlich auszumisten und aufzuräumen. Er behauptete, meine Wohnung sei der Spiegel meiner Seele. Heute weiß ich: Meine Wohnung ist nicht der Spiegel meiner Seele. Sie ist lediglich der Spiegel meines persönlichen, wenn auch eigentümlichen Geschmacks.

Ich probierte dann diesen Tipp, man solle seinen Kleiderschrank entrümpeln – und so begann die Aktion *Befreit STøPF.* Ich fing an mit Schritt eins: die Dinge aussortieren, in die man nicht mehr hineinpasst. Auch Kleidungsstücke, die ich über ein Jahr nicht getragen habe, sollten verschwinden. Das hätte aber bedeutet, dass mein Paillettenkleid, das Hochzeitskleid meiner Tante und die Lederkorsage rausfliegen, ebenso ein Kimono, ein Samtanzug und ein wahnsinnig verruchter, durchsichtiger Morgenmantel. Jetzt

---

10 Werner Tiki Küstenmacher, Lothar Seiwert, *Simplify your Life: Einfacher und glücklicher leben*, München 2001

mal im Ernst: Wie könnte ich diese Perlen wegschmeißen? Ich gebe zu, ich trage das Hochzeitskleid nicht oft und auch die Lederkorsage wird nie mein tägliches Büro-Outfit werden, aber alle diese Dinge leisten hin und wieder hervorragende Dienste. Unvergessen ist L. in meinem Paillettenkleid, als er eine Wette verloren hatte und in diesem Aufzug mit mir ein Bier trinken gehen musste. Und für die Kinder meiner Schwester ist es der schönste Moment eines Tantenbesuchs, wenn sie sich endlich über Tüll und Taft hermachen können. Sie sollten den kleinen Leonhard (4 Jahre) in der duften Lederkorsage sehen – das tausche ich doch nicht gegen Leonhard in *Mango Basics* ein.

Seither mache ich so einen Käse nicht mehr – oder sagen wir, ganz selten. Als vor Kurzem wieder so eine große Aufräum- und Wegschmeißwelle durchs Land zog, ausgelöst durch Marie Kondos Buch *Magic Cleaning*, in dem es hauptsächlich darum geht, dass das Leben viel besser wird, wenn man seine Socken richtig faltet, war ich raus.

Aber mir bekannte erwachsene Leute, die in ihrer raren Freizeit gemütlich bei einem Glas Irgendwas in der Bar um die Ecke sitzen könnten, waren plötzlich damit beschäftigt, sich YouTube-Anleitungen anzusehen, in denen es darum ging, wie man Unterhosen richtig zusammenlegt und hochkant in Schachteln räumt. Und das ist kein Scherz. Ein Teil der Aufräum- und Sockenfaltenwelle sah auch vor, dass man alles an Ausstattung wegschmeißt, was daran schuld ist, dass die eigene Wohnung nicht wie ein Geschäft von Apple oder wie ein Showroom für moderne Küchen aussieht: viel Weiß, viel minimalistisch und irgendwas mit hellem Holz oder aus Korb Geflochtenes, das war's.

»Du verstehst das nicht«, hatte die Hummel versucht, mir das Konzept näherzubringen, »das Puristische ist hier der Luxus, es ist eine Art – Läuterung!«, und das klingt zwar ganz gut, aber ich frage mich: geläutert wovon? Und Leere ist doch nicht gleich Geschmack und es mag sein, dass ich so eine geläuterte Wohnung auch ganz verlockend finde, vornehmlich wenn ich über ein Bataillon Playmobil-Männchen steigen muss, die anscheinend gerade dabei sind, die Dinosaurier im Wohnzimmer zu überfallen. Dann haben weiße, leere Wohnungen mit einer Grünpflanze und einem Korb aus Naturfasern einen wahnsinnigen Reiz. Aber wenn man sich kennt, hat es überhaupt keinen Sinn, darauf hinzuarbeiten, denn: Hätte ich es nach vielen, vielen Tagen Einsatz endlich geschafft und meine Wohnung sähe so aus – ich würde panikartig Kram ranschaffen. Münzsammlungen, Fußballpokale und natürlich – Playmobilmännchen. Ich liebe leicht chaotische Räume, viel bunt, viele Pflanzen, viele Bilder, viele Spiegel, Zeitungen, die sich zu Türmen stapeln und diese leichte Überforderung fürs Auge, wenn man ein solches Zimmer betritt.

Denn dieser minimalistische Traum in Weiß ist zwar prinzipiell schön anzusehen – aber es ist nicht mein Traum. Das ist so wie mit den Hotpants.

Was auch extrem erfolgreich durch meinen Freundeskreis gefegt ist, fast noch mehr als die Sache mit dem Socken-Aufräumen, war der Trend zur Immobilie. Kennen Sie das? Plötzlich fangen alle an mit diesen Sätzen:

- Miete ist rausgeschmissenes Geld.
- Investieren muss man in Ziegel, das war schon immer so.
- Auf der Bank kriegst du ja *nix*.
- Niedrigzinsen bla, bla, bla …

Als der Chor einstimmig rief: »*Jetzt oder nie*«, und auch aus der Zeitung immer wieder die Aufforderung kam: KAUFT IMMOBILIEN, habe ich nachgegeben und mich umgeschaut – das Argument, statt Miete das Eigenheim abzuzahlen, hat ja was sehr Logisches. Dabei hat sich herausgestellt: Was mir gefällt und was wir uns leisten können, sind zwei völlig unterschiedliche Dinge. Da gibt es keine Schnittmenge. Alles, was in unserem Preissegment lag, waren unterirdische Höhlenlöcher am Ende der Welt. Das ist die Phase, die Makler ›einen Gefühl für den Markt bekommen‹ nennen.

Trotzdem, so der Makler, würde es sich lohnen, eins der Höhlenlöcher am Ende der Welt zu erwerben – schließlich zahlt man keine Miete und nach läppischen 25 Jahren würde es uns gehören! »Jippieh!«, rief ich, »endlich ein eigenes Höhlenloch am Ende der Welt.« – Nicht.

Für andere geht diese Rechnung voll auf und sie freuen sich über ihr eigenes Dach überm Kopf, aber ich bin ehrlich gesagt heilfroh, wenn diese Stelle, wo es reinregnet durch besagtes Dach, nicht meins ist. Ich bin auch froh, wenn ich nicht jedes Jahr einen Brief von der Bank bekomme, in dem etwas in der Art steht:

Sehr geehrte Frau Reinwarth,

mit Freude übersenden wir Ihnen den aktuellen Stand Ihrer Hypothek inklusive Zins und Zinseszins:

Darlehensbetrag:	*180.000 €*
Bisher gezahlte Tilgung und Zinsen:	*21.250 €*
Verbleibende Restschuld:	*180.000 €*

Mit freundlichen Grüßen und überweisen Sie uns ruhig noch mehr Geld,
Ihre Bank

Ich bin froh, dass ich mich nicht mit Nachbarn um Zäune oder Wege streiten muss und wenn neben mir mal der Psycho mit der Axt einzieht oder sich ein Erdloch auftut – ziehe ich einfach weg. Ha! Ich weiß genau: Wäre es mein Haus oder meine Wohnung: Ich würde sofort hütehundmäßig jeden Umzugswagen mit potenziellen Nachbarn und jede Baustelle der Stadt in unserer Straße beobachten.

Man weiß auch schon vorher, wie man sich in bestimmten Situationen fühlen wird, und begibt sich dann einfach nicht hinein. Ich finde zum Beispiel, es klingt total nett, wenn jemand sagt: »Lass uns doch Samstagvormittag mit den Kindern und ein paar Freunden auf die Dult/ein Festival/in die Stadt gehen und danach kehren wir noch schön ein.« In meiner Vorstellung ist das himmlisch: Eine Gruppe fröhlicher Menschen schlendert zwischen Fahrgeschäften und Buden umher, lachend und schwatzend, die Sonne scheint auf glückliche Kindergesichter und dann lassen wir uns alle auf ein Bier und eine Brotzeit auf ein paar Bierbänken nieder. Klingt super, oder? Ist es aber nicht. Nach vielen Samstagvormittagen, die so verlaufen sollten, kann ich sagen: Das geht nicht. Nicht, weil nicht ausreichend Freunde, Kinder, Fahrgeschäfte oder Buden vorhanden wären, sondern weil meine Systemeinstellungen dafür nicht gemacht sind. Bei meinen Vorfahren muss irgendwann mal ein Hütehund dabei gewesen sein: Sobald meine Herde nämlich in die Nähe größerer Gruppen von Menschen kommt, werde ich hektisch. Ich versuche, alle Mitglieder im Auge zu behalten, was naturgemäß mit zwei Augen alleine gar nicht geht, weil immer wieder welche nach hinten fallen, abschweifen oder stehen bleiben, weil Kinder davonrennen, und wenn wir bis zu den Bierbänken oder Caféstühlen kommen, ohne dass jemand fehlt, bin ich immer noch gestresst, weil vielleicht kein Platz frei ist oder zu wenig oder … sagen wir, es ist besser, ich gehe mit maximal zwei Personen zu größeren Veranstaltungen. Die kann ich nämlich links und rechts an der Hand nehmen.

Ähnlich unangenehm finde ich Veranstaltungen, bei denen ich ganz alleine bin: eine Dinner Party, eine Ausstellungseröffnung, ein Vortrag, eine wie auch immer geartete Festlichkeit: Wenn ich da niemanden kenne, alle anderen sich aber durchaus kennen und lachen und scherzen und fröhlich sind, bin ich mit einem Schlag der einsamste Mensch der Welt.

Das Gute ist: Inzwischen weiß ich das und bin entweder:

a) nicht überrascht oder
b) begebe mich da nicht hinein, oder
c) eins von beidem.

Ich habe auch in langen und oftmals wiederholten Studien herausgefunden, dass mir Tequila (*Jose Cuervo Especial*) zwar ungemein gut schmeckt, es aber besser ist, ihn nicht zu trinken, wenn ich am nächsten Tag irgendetwas anderes vorhabe, außer im Bett zu liegen. Auch da hilft es, sich zu kennen. Außerdem weiß ich, dass ich jede Idee, die ich nicht sofort aufschreibe, im Handumdrehen wieder vergesse, und zwar auch dann, wenn ich hundertprozentig davon überzeugt bin, dass diese Idee so großartig ist, dass ich sie gar nicht vergessen kann. Kann ich eben doch. Und egal wie gerne ich geselliger, positiver und geduldiger sein möchte: Das wiederum kann ich nun mal nicht.

»Der, der ich bin, grüßt trauernd den, der ich sein möchte.« Das hat der deutsche Theologe Karl Rahner einmal hervorragend und weise gesagt. Die Einsicht, wer man ist, und zu erkennen, wer man gerne sein möchte, sowie eine realistische Einschätzung, an welchen Punkten diese beiden nie übereinstimmen werden, auch das ist eine der hervorragenden Dinge am Älterwerden.

PRIORITÄTEN

Prioritäten sind ja unterschiedlich. Ich persönlich finde, das Leben ist zu kurz, um gleiche Sockenpaare zu finden. Socken haben keine Gefühle, man kann sie ineinanderknüllen, ungleiche Paare zwangsverheiraten und sie sogar einzeln in Schubladen stopfen – es ist ihnen völlig egal. Und wenn es mir keine persönliche Freude bereitet oder ich einen lustigen Sockenfetisch habe, gibt es auch weiter keine Veranlassung, sich über Socken weiter Gedanken zu machen. Meine Klamotten müssen auch nicht mit Weihwasser besprengt und nach Kategorien geordnet im Schrank hängen – geordnet nach Farben, Temperaturen, Jahreszeiten oder Rocklänge. Saubere Sachen hängen, schmutzige Sachen liegen in der Wäsche, das ist meine Einteilung.

Das ist das richtig Coole am Älterwerden. Man hat kein schlechtes Gewissen mehr, weil das eigene Leben so ganz anders aussieht als auf Pinterest – und sich überhaupt nicht so anfühlt wie eine Sitcom. Und noch besser: Man versucht nicht mehr darauf hinzuarbeiten, dass es endlich so wird. Unmengen an Zeug habe ich gekauft, immer mit einem Bild vor Augen, wie irgendwann alles aussehen wird bei mir zu Hause. Ethno-Kissen und besagte hübsche, naturfarbene Körbe, großblättrige Pflanzen und diese weißen Lammfell-Imitate, die man dekorativ auf einen Sessel legen kann. Ich habe Leinenbettwäsche für das Schlafzimmer besorgt und frei schwingende Edison-Vintage-Glühbirnen, die an einer langen Kabel-Kordel als Nachttischlampen die Seiten des Bettes zieren. Lauter tolle Sachen, wirklich.

Was ich aber die ganze Zeit über unterschätzt hatte, war die Menge an Krempel in unserem Haus, der diese neuen, hübschen Sachen mit einem großen Schmatzen in sich aufnehmen und für immer unsichtbar machen würde. Die Ethno-Kissen gehen zwischen den Fleece-Decken auf dem Sofa unter, aus den hübschen naturfarbenen Körben quellen Spielsachen, Zeitschriften und Mehrfachsteckdosen, diese weißen Lammfell-Imitate hat der Hund in etwas verwandelt, was an einen explodierten Eisbär erinnert, und die großblättrigen Pflanzen sind schon lange von uns gegangen. Die Leinenbettwäsche gibt es noch, sie knittert nur nie so schick wie auf dem Foto der Verpackung. Mehr schlampiger Knüll als schicker Knitter. Die guten Vintage-Glühbirnen wiederum sahen zwar dufte aus, wurden aber nach einer Woche wieder abgehängt, weil das Kind nicht anders konnte, als sie in größtmögliche Schwingung zu versetzen, was durch die Nähe zur Wand irgendwann unweigerlich zur Katastrophe geführt hätte.

Und so ist auch mein Schlafzimmer kein spartanischer, nordisch-weißer Traum mit Akzenten in Naturtönen, sondern ein Fiasko mit Bett. Punkt. Keine Ahnung, wo die Pinterest-Leute ihre Klamotten hinschmeißen, wenn sie sich abends ausziehen – meine liegen auf, neben und unter einem Stuhl in der Ecke meines Schlafzimmers. Gegenüber von dem Stuhl, auf den L. seine Klamotten schmeißt, und gleich neben einer sterbenden Yucca-Palme und einer Kommode, auf der alles liegt, was man in den Hosentaschen findet: Kleingeld, Knöpfe, Visitenkarten, Bonbons und kleine Dinge aus Plastik, die kein Mensch mehr identifizieren kann und die man sich nicht wegschmeißen traut (man weiß ja nicht, was es ist). So sieht ein Schlafzimmer aus.

Eigentlich fühle ich mich auch sehr wohl in meinem Fiasko – und ich habe andere Dinge zu tun, als ihm jeden Tag ein Lifting zu verpassen.

Im Prinzip könnte ich natürlich morgens das Bett hübsch aufschütteln, die Laken glatt ziehen und ein paar dekorative Kissen drauf verteilen. Ich könnte die Dinge auf der Kommode aufräumen, sortieren oder wegschmeißen und jeden Morgen die Wäsche sortieren.

Bleibe ich stattdessen lieber noch fünf Minuten liegen? Oh Halleluja, yes! Wir haben verknäulte Laken auf den Betten, wir haben Geschirr auf der Küchenanrichte, im Badezimmer stehen Tuben und Tigel herum und über dem Türknauf hängt immer irgendeine Hose oder ein Nachthemd. Würde ich immer alles wegräumen, was ich gerade nicht brauche – ich würde es nie mehr finden und müsste alles neu kaufen!

Und so ist unser Zuhause trotz bester Vorsätze kein Ort der Ordnung, der Ruhe, Entspannung und der Harmonie. Es ist eher ein Haufen Krempel mit einem Deckel drauf. Ruhe ist selten, Entspannung noch seltener und Harmonie … well.

Keine Ahnung, warum ich es irgendwann erstrebenswert fand, dass mein Zuhause und meine Freizeit so aussehen, wie sie irgendwelche anderen Leute auf einer Webseite posten oder im Fernsehen zeigen. Das mit den Hotpants habe ich ja auch begriffen … der Rest hat zugegeben etwas länger gedauert.

Generell kann ich die Ideen und Ratschläge anderer Leute heute mit deutlich mehr Verve in den Wind schlagen als früher. Auch so Tipps wie »Was erfolgreiche Leute jeden Tag machen«, bei denen es dann darum geht, dass man morgens um sechs joggen gehen muss und der Schreibtisch tippi-toppi aufgeräumt ist: *Hachja.*

Wenn ich mir solche Sachen durch den Kopf gehen lasse und kurzzeitig vor mich hin träume, wie alles sein könnte, wenn alles nur irgendwie anders wäre, und wenn ich dann in Versuchung komme, wieder Ethno-Kissen kaufen zu gehen oder den Schreibtisch zu ordnen, dann greife ich gerne zu folgender hilfreicher Überlegung:

Wenn ich jetzt noch ein halbes Jahr zu leben hätte:

- Was würde ich machen?
- Über was wäre ich froh, dass ich es gemacht habe?
- Was würde ich lassen?

Also wäre es mir ein Trost, dass ich wenigstens immer ein gemachtes Bett hatte? Oder würde ich mir im Nachhinein mit der flachen Hand auf die Stirn schlagen, weil Kuscheln mit dem Kind stattdessen viel besser gewesen wäre?

Dann geht es wieder. Und ich habe weiterhin relaxte Morgen. War ich eben nicht joggen, die Betten sind nicht gemacht und frisch gepressten Orangensaft gibt es auch nicht. Aber unsere Morgen sind schön und entspannt – und zwar trotz einem kleinen Kind, das sich, statt sich für den Kindergarten fertig zu machen, lieber das Gesicht mit Buntstiften bemalen möchte … das muss man erst mal hinkriegen. Ich habe keine Lust auf einen morgendlichen Kampf, ob das Kind nun den Obst-Kleie-Smoothie trinkt, wegen mir kann es Schokomüsli haben und wenn der Kleine meint, er muss im Tüllrock in den Kindergarten, nur zu!

Die Kindergartengruppe Sonnenschein ist übrigens auch ein feiner Ort für Prioritäten. Diese unterscheiden sich mitunter erheblich von den Prioritäten anderer Eltern und vor allem von denen meines reizenden Wunderbratens. Ganz oben auf meiner Liste steht: Das Kind soll Spaß haben.

Das klingt ganz normal, aber ich habe festgestellt, dass dies nicht für alle gilt. *Die Kinder sollen sich nicht dreckig machen* ist eine andere, real existierende Priorität dort und auch *Das Kind soll Englisch lernen* ist eine. Verblüffend, aber wahr. Da prallen mitunter Welten aufeinander, denn wir kommen manchmal schon dreckig im Kindergarten an – einfach, weil das Kind so gern in Pfützen hüpft. Und ganz ehrlich: Ich erinnere mich später lieber daran, dass wir zusammen in Pfützen gehüpft sind, als daran, dass das Kind immer sauber war. Auch Englisch wird es schon noch lernen … – ich meine, momentan muss man ihn nachts noch aus dem Bett heben und auf den Topf setzen – da kann das perfekte ›*th*‹ schon noch etwas warten …

Kinder bringen einen in Sachen Prioritäten eh mordsmäßig nach vorne. Plötzlich stellt man nämlich zum Beispiel fest: Es ist zwar toll, die Umwelt zu retten und sich für Nachhaltigkeit einzusetzen und auf eine gesunde Ernährung zu achten, aber es gibt eine Sache, die ist noch wichtiger, nämlich: meine Nerven. Und dann läuft die Spülmaschine eben mal nur halb voll. Statt die Wäsche aufzuhängen, wird auch mal der Trockner angeschmissen, und Tiefkühlkost ist eine hervorragenden Erfindung.

Solche Einsichten sollte man üben. Im Job sieht das so aus, dass man unter Umständen eine Festanstellung oder eine Beförderung freudig dankend ablehnt, weil man weiß, was dann auf einen zukommt: viel mehr Arbeit, viel mehr Stress, viel mehr Verantwortung und viel mehr Druck.

Hat man jetzt zufällig unter den Top-Prioritäten nichts, das damit harmoniert, zum Beispiel ein Bedürfnis nach Sicherheit, Geld oder Karriere, tja ...
Das ist natürlich sehr generell gesprochen. Im Konkreten könnte es so sein, dass Sie zum Beispiel einen Abgabetermin haben für Ihr neues Buch und dass Sie, warum auch immer, diesen wie immer verbummelt haben. Nach zähen Verhandlungen und der Bewilligung einer Gnadenfrist können Sie sich jetzt natürlich in Ihrem Büro verbarrikadieren. Sie können die Nächte durcharbeiten, das Kind nur noch von Ihrem Mann oder sonst wem versorgen lassen und wenn es an Ihre Bürotür klopft, einfach nicht aufmachen. Aber ganz ehrlich: Wir operieren hier nicht am offenen Herzen und Ihr Kind ist nur einmal so alt, wie es jetzt ist. Danach nie mehr. Daher erscheint dieses Buch auch etwas später als angekündigt.

Wer sich schwertut mit den Prioritäten, hier eine ganz einfache Veranschaulichung:

☆☆☆☆☆☆☆☆☆☆
☆☆☆☆☆☆☆☆☆☆
☆☆☆☆☆☆☆☆☆☆
☆☆☆☆☆☆☆☆☆☆
☆☆☆☆☆☆☆☆☆☆
☆☆☆☆☆☆☆☆☆☆
☆☆☆☆☆☆☆☆☆☆
☆☆☆☆☆☆☆☆☆☆
☆☆☆☆☆☆☆☆☆☆

Das sind alle Jahre, die ein 90-Jähriger zur Verfügung hat. Haken Sie jetzt mal die Sternchen ab, die Sie jahremäßig alt sind, sehen Sie sich dann das Bild an und entscheiden Sie, was Ihnen wichtiger ist: saubere Wohnung, gemachtes Bett, Diät und Abgabetermin einhalten oder Zeit mit den Lieben, Freude, Pizza und Ausschlafen?

Noch unheimlicher wird es, wenn man die verbleibenden Kästchen umrechnet in: Noch x Sommer (Winter) oder: Noch x Geburtstagskuchen. Oder wenn Sie hochrechnen, wie viele Bücher Sie pro Jahr lesen und die Zahl dann multiplizieren mit den verbleibenden Kästchen. Dann haben Sie die Anzahl der Bücher, die Sie in Ihrem Leben noch lesen werden. (Also lesen Sie nichts über Aufräumen …)

Mir jagt noch etwas anderes einen viel größeren Schrecken ein: Wenn ich nämlich die Anzahl der Tage zähle, die ich jedes Jahr mit meiner Mutter verbringe. Wir sehen uns zwar im Schnitt viermal im Jahr, und dann jeweils für ein paar Tage, aber meine Mutter wird dieses Jahr 70. Davon ausgehend, dass sie 90 wird, was eine wirklich gute Schätzung ist, bleiben uns: 320 Tage. Das sind weniger gemeinsame Tage, als wir in einem einzigen beliebigen Kindheits- oder Jugendjahr hatten! Das heißt auch, unsere Zeit ist zu 97 Prozent abgelaufen, und das jagt mir einen Riesenschreck ein.

Die gleiche Rechnung können Sie übrigens mit Ihren besten Freunden aufmachen und in jedem Fall wird sich herausstellen: Die Zeit, die Ihnen mit diesen Personen noch bleibt, hat nichts mit der Wichtigkeit der Personen in Ihrem Leben zu tun.

Verschiedene Leute haben verschiedene Prioritäten, ich habe meine. Deswegen bin ich in die Stadt gezogen, in der Jana und Anne wohnen, und aus dem gleichen Grund hat das Haus, in das wir gezogen sind, unten eine kleine Einliegerwohnung, wo meine Mutter hoffentlich so oft sein wird, dass sie mir auf den Keks geht.

HIER UND JETZT

Wenn sich das Bild mit Ihren verbleibenden Kästchen erst mal fest in Ihr Hirn eingebrannt hat, kommen einige Dinge von ganz alleine. Auch so ein Vorteil am Älterwerden: Sie müssen zum Beispiel gar nicht zu meditieren anfangen oder zum Buddhisten werden, die Prämisse, im Hier und Jetzt zu leben, verinnerlichen Sie von ganz alleine. Endlich.

Das ganze Leben macht man sich verrückt mit der eigenen Erwartungshaltung: »Wenn nur erst…, dann …!«, und jetzt hat man klar vor Augen, dass in den meisten Fällen das, was nach »Wenn nur erst« steht, mit dem, was nach dem »dann« steht, überhaupt nichts zu tun hat!

Schließlich ist das Leben eine einzige Wenn-dann-Falle, wenn man nicht aufpasst. Während der Kindheit lässt sich das in etwa so zusammenfassen:

> *»Wenn ich nur erst groß bin, dann kaufe ich mir so viele Süßigkeiten, wie ich will, und sehe den ganzen Tag fern.«*

Das ist zwar durchaus toll, aber wenn alles gut läuft, ändert sich dieses Ziel mit der Zeit:

»Wenn ich erst mal 18 bin, dann habe ich ein Auto / habe ich ein tolles Sexleben / dann mach ich, was ich will.«

Da kann man mit dem Auto jetzt Glück haben und vielleicht auch noch mit dem Sexleben, aber das war es dann auch, denn eigentlich geht einem ab hier überhaupt erst auf, was man alles überhaupt nicht so machen kann, wie man will.

Diese Fallen verstecken sich überall im Leben und sehen mitunter sehr unterschiedlich aus:

Wenn …	**dann …**
… ich nur erst ein eigenes Motorrad habe …	… aber.
… ich endlich das Studium fertig habe …	… dann geht's richtig ab.
… ich erst mal eine Gehaltserhöhung bekommen habe …	… mein lieber Scholli.
… ich diese Frau/diesen Mann bekommen habe …	… bin ich endlich glücklich.
… ich mir endlich den Porsche leisten kann …	… habe ich es geschafft.
… ich mich räche …	… tut es nicht mehr weh.
… ich den Buddhismus-Retreat mache …	… werde ich endlich zufrieden/erfahre ich den Sinn des Lebens.

Inzwischen ist klar: So läuft der Hase nicht. Der Hase sitzt nämlich lieber im Gras und schaut in die Sonne. Wenn man selbst zwanzig Jahre zurückblickt und sich daran erinnert, was man alles dachte, zum Glück zu brauchen: einen Job, eine schöne Wohnung, einen Partner, vielleicht Kinder – vielleicht einen Porsche!

Dann ist einem inzwischen klar: Auch wenn sich alles genau so erfüllt hat, sogar das mit dem Porsche, dann ist man deswegen noch lange nicht glücklich. Weil man, jung und doof, wie man war, die Vorstellung vom Glück an der Erfüllung von Bedingungen festgemacht hat.

Darüber sind wir hinweg – ist das nicht großartig? Vermutlich ist das sogar die allerbeste Sache am Älterwerden. Auch wenn man das schon in früheren Zeiten gehört und durchaus verstanden hat – man hatte es nicht selbst erfahren, und das macht den Unterschied.

Aber wenn dann endlich der Groschen gefallen ist, wirkt sich das direkt auf das tägliche Leben aus.

Ich hatte zum Beispiel immer einige Dinge, die nicht benutzt wurden: Das Tafelsilber von Oma und die Porzellan-Zuckerdose der Uroma standen Zeit meines Lebens in einem Regal, geschützt vor Bruch und Witterung, fein verpackt, um – ja was? Um weitervererbt zu werden, nur damit mein Kind dann auch irgendwann ein verpacktes Bündel im Regal stehen hat? Und so von Generation zu Generation, bis niemand mehr weiß, was in dem Bündel eigentlich drin ist?

Oder die unfassbar teuren Baccarat-Gläser: Wir haben allen Ernstes von einem betuchten Familienmitglied einmal zwei Weißwein-Gläser geschenkt bekommen, die (ich habe auf der Webseite der Firma nachgesehen) sage und schreibe 230 Euro gekostet haben. Ist das zu fassen? Ich wusste bis zu dem Zeitpunkt gar nicht, dass so teure Gläser existieren! Und nicht nur das – ich verstand noch nicht mal den Beschreibungstext, der auf dem handgeklöppelten Papier stand, das wie eine Geburtsanzeige mit den Gläsern geliefert wurde:

> *Das Weißweinglas Château Baccarat baut auf Baccarats nach Terroir segmentierten Œnologie-Weinprobengläser auf. Der breite, gerundete Kelch, der von der von Sommeliers verwendeten Tastevin-Silhouette inspiriert wurde, öffnet reichhaltige Noten, lässt den Wein atmen und hebt den subtil geschmeidigen aromatischen Körper hervor.*

»Hah!«, lachte L., als ich ihm den Text laut vorlas, »wenn hier jemand einen subtil geschmeidigen Körper hervorhebt, bin ich das!«, und nahm mich in den Arm. Als ich mich irgendwann von dem Baccarat-Schock erholt hatte und L. mir unwiderruflich verbot, die Dinger zu verscherbeln, war die große Frage: Was machen wir damit?

Ich sah Château Baccarat 1 und 2 schon mit der Zuckerdose und dem Tafelsilber in die Kiste ins Regal verschwinden … da wären sie auch gelandet, wäre ich zwanzig Jahre jünger gewesen. Vielleicht hätte ich sie für irgendeinen besonderen Anlass herausgeholt, aber vermutlich wären sie für immer neben der Zuckerdose und dem Tafelsilber gesessen und hätten auf den besonderen Anlass gewartet, der nie gekommen wäre (ich meine, was ist ein passender Anlass für 230-Euro-Gläser – die Krönung unseres Kindes zum Prinzen von England vielleicht – aber sonst?).

Das hat sich dramatisch geändert. Und zwar ganz von alleine. Die Erkenntnis, dass das Leben nicht ewig dauert (und dass es eventuell nie zur Krönung des Kindes zum Prinzen von England kommt), lässt mich die Weinflasche heben und rufen: *Her mit dem Kristall!*

Seither ist bei uns zu Hause alles in Gebrauch – ohne Rücksicht auf Wert, besonders die schönen Dinge – denn sich an ihnen zu erfreuen, ist ihr Sinn. Können sie dabei zu Bruch gehen? Ja. Wäre das schade? Ja! Aber so ist das Leben nun mal. Nichts währt ewig, mach was. Wenn man sich damit mal abgefunden hat, ist alles besser (und die Gegenwart wird viel hübscher).

So ähnlich verhält es sich mit den Träumen, die man so hat. Egal welche Träume das sind: Während man als Kind und Jugendlicher selbige noch mit Vehemenz verfolgt hat (auf den Baum klettern, die ganze Nacht tanzen, nach Italien trampen, Sascha küssen), setzt im ersten Teil des Erwachsenenalters plötzlich ein Angstmechanismus ein, der, um beim Beispiel zu bleiben, sagen würde:

- Vom Baum fällst du vielleicht runter
- Tanz nicht die ganze Nacht, du musst morgen früh raus
- Trampen ist SO gefährlich – …
- … und wenn Sascha *dich* nicht küssen will?

Angeblich ist das so, weil das Gehirn von Kindern und Jugendlichen stärker auf Belohnung anspricht, das fördert die Neugier und die Risikobereitschaft. Selbige nimmt mit den Jahren aber leider ab und da steht man dann im Erwachsenenalter mit seinen Träumen:

- Weltreise machen
- Sich selbstständig machen
- Ein Café eröffnen
- Sich von Sascha trennen

… und hat permanent diese ängstliche Stimme im Kopf, die flüstert: *Eine Weltreise? Bist du irre? Wo willst du denn das Geld dafür hernehmen? Und überhaupt, Europa zu verlassen, ist doch glatt Selbstmord, und vergiss vor allem diese Flausen mit dem Selbstständig-Machen. Was für eine Schnapsidee, wahrscheinlich landest du bei Hartz IV und in deinen Job kannst du dann auch nicht mehr zurück, hast du überhaupt einen Business-Plan? Noch grottiger ist nur die Idee mit dem Café – als wenn es da unbedingt noch eins bräuchte, du meinst wohl, die Welt hat nur auf dich gewartet. Ha! Und bist du dir wirklich sicher, dass du Sascha verlassen willst? Vermutlich bleibst du dann bis zum Ende deines Lebens alleine und wie willst du überhaupt die Wohnung alleine zahlen?*

Wir haben entgegen aller schlauen Bücher gar kein »inneres Kind«, wir haben eine krittelige, unsympathische Alte, die nur die Löcher im Käse sieht, zu Hause bleiben will und ihre Ruhe möchte, so sieht es doch aus. Gegen diese Alte anzukämpfen, ist echt nicht leicht. Manche schaffen es und arbeiten an der Umsetzung ihres Traums, andere drehen in einer Art Kurzschlussreaktion durch, verkaufen die Eckgarnitur, bringen die Katze ins Tierheim und ziehen kurz entschlossen in ein anderes Land – wo sie dann enttäuscht feststellen, dass es dort keine Gelbwurst gibt und niemand mit ihnen Deutsch spricht. Je nach Traum.

Das Famose am Älterwerden und dieser Sache mit den abgehakten Kästchen ist nun: Wenn man mit dem Herzen verstanden hat, dass man hopsgeht, und zwar in absehbarer Zeit, dann sticht diese Erkenntnis alle anderen Ängste. Die Hops-Karte ist der Joker, man kann ihn immer ziehen, wenn die Alte wieder mit ihrem »*Und wenn was passiert?*«-Gejammer kommt. Deswegen ist das auch so oft Stoff, aus dem Filme und Bücher gemacht werden: Irgendjemand bekommt eine schreckliche, todbringende Krankheit diagnostiziert, um dann in der verbleibenden Zeit endlich etwas aus seinem Leben zu machen. Da wird dann ans Meer gefahren, ein Berg bestiegen, eine Reise gemacht oder eine Bank überfallen oder was den Leuten eben so einfallt, was sie noch unbedingt machen müssen.

Wir, das ist die gute Nachricht, brauchen diese Diagnose gar nicht, wir müssen einfach nur abwarten, die fortschreitende Zeit ist die Diagnose. Nur Hier und Jetzt ist der Platz für das, was man tun will, das klingt negativ, beschwingt aber ungemein!

NEIN

Die Kombination einiger altersbedingter Fähigkeiten, nämlich:

- Prioritäten klar haben,
- Gelassenheit
- und die Tatsache, dass man das mit den Kästchen verinnerlicht hat,

hilft enorm bei einer Sache, die echt oft Schwierigkeiten bereitet: Nämlich *Nein* zu sagen!

(Eventuell helfen außerdem die unzähligen Situationen, in denen man nicht Nein gesagt hat und über die man sich heute noch ärgert, zum Beispiel weil gerade wieder das Monatsabo für die Zeitschrift »Der Wald und Du« abgebucht wurde oder der Jahresbeitrag einer Organisation, die »Rettet die Holzdrosselkäfer« heißt.)

Falls Sie das noch nie betroffen hat, herzlichen Glückwunsch! Für uns andere war es ein langer, steiniger Weg bis zum Nein. Manche Menschen haben wir auf diesem Weg zurücklassen müssen – die sind vermutlich gerade irgendwo bei einem Umzug, programmieren die Webseite eines Bekannten oder passen auf die drei Hunde ihrer Schwiegermutter auf, oder irgendwas in der Art. Die meisten (einschließlich mir) haben es jedoch geschafft, und wir haben nicht nur deutlich weniger Zeitschriften-Abonnements, mehr Freizeit und weniger Arbeit, wir haben auch verstanden, dass unsere freundschaftlichen Gefühle für eine Person überhaupt nichts mit Gefälligkeiten für diese Person zu tun haben.

Also zum Beispiel, dass ich Petra mag und Petra Panflöten-Konzerte mag (und organisiert), heißt nicht, dass ich zu Panflöten-Konzerten gehe. Ich kann sogar sagen, wie unfassbar schrecklich ich Panflöten-Konzerte finde. Egal welcher Rattenschwanz an Vorlieben, Passionen und Hobbys auch an einem Menschen dranhängt, man kann selbstverständlich den Menschen dufte finden, ohne diesen Appendix auch ins Herz schließen zu müssen. Und wenn Petra einen Gefallen von mir möchte, dann helfe ich ihr natürlich jederzeit, wenn sie beispielsweise auf der Landstraße mit ihrem Auto liegen geblieben ist oder so – aber ich werde nicht die Flyer für ihre Panflöten-Konzerte gestalten. Sie bemerken den Unterschied?

Das ist einer der ganz großen Vorteile der fortschreitenden Jahre: Man wird immer besser im Unterscheiden.

Für die, die hierbei noch immer Probleme haben, hier zur Veranschaulichung einige Beispiele aus der Kategorie Panflöten-Flyer:

Anderer-Leute-Kinder-Veranstaltungen

Kinder sind generell natürlich toll. Finde ich wirklich. Allerdings mehr theoretisch als praktisch. Obwohl ich eins dieser reizenden Exemplare zu Hause habe, tue ich mich schwer, mit der angemessenen Ergriffenheit auf die Fortschritte, Ergüsse und Werke anderer Kinder zu reagieren. Also wenn mein Dreijähriger mir ein selbst gemaltes Bild überreicht und sagt, es sei ein Raketen-Dinosaurier, bin ich selbstverständlich entzückt, und das Bild wird, wie alle seine Vorgänger, irgendeine Stelle unserer Wohnung zieren. Aber wenn mir die Mutter von Luis-Lukas mittels Foto auf dem Handy zeigt, wie toll ihr L-L schon Männchen malen kann, dann … nun. Was wird da von einem erwartet? Ich meine, wissen Sie, wie Zeichnungen von Dreijährigen aussehen? Ebenso ratlos bin ich bei Aufführungen jeglicher Art. Die Interpretation von Goethes Faust durch die 6. Klasse der Birchenbiehl-Realschule ist kein Event, dem man ausgesetzt sein sollte – wenn man nicht einen der Schauspieler gezeugt oder aufgezogen hat. Mein Wunderkind ist von dieser Regel natürlich ausgeschlossen und Sie sollten unbedingt sehen, wie toll er schon Kackehaufen aus Plastelin formen kann!

Demos

Ich bin ein Kind der 80er, da ist man mit Demos praktisch aufgewachsen. Ich habe demonstriert gegen den sauren Regen, gegen das Wettrüsten, gegen die Umsetzung des Nato-Doppelbeschlusses und gegen die Abschaffung der Raucherecke im Schulhof.[11] Demos sind großartig und es sollte generell viel mehr demonstriert werden, ein Hurra auf Demos. Trotzdem. Es hat sich einiges getan seither. Zum einen habe ich ungefähr hundert Prozent weniger Zeit als damals. Zum anderen bringt mich nicht jedes Thema sofort so auf die Palme, dass ich das Plakateschreiben anfange. Und zum ganz anderen habe ich manchmal, wenn die Welt mal wieder überhaupt nicht so ist, wie ich mir das vorstelle, diese Idee, dass sich ja auch mal die darum kümmern könnten, die dafür bezahlt

11 Ja, das gab es tatsächlich.

werden. Nämlich die Politiker, die ich wähle, und die Organisationen, die ich unterstütze. Die Hemmschwelle ist also deutlich höher als früher und es braucht etwas (für mich) sehr Wichtiges, dass ich seufze: *»Alles muss man selber machen«*, und die Trillerpfeifen suchen gehe. Man kann sich also ungefähr vorstellen, wie motiviert ich bin, bei Demonstrationen zu erscheinen, die ›Rettet den Holzdrosselkäfer‹ heißen. Und auch wenn Petra außer den Panflöten auch noch der Holzdrosselkäfer wirklich am Herzen liegt: An meinem liegt er nicht und ich mache ihr gerne Kaffee danach.

Du kennst dich doch aus mit so was …

Alle, die einen Beruf ergriffen haben, der ein Medizinstudium voraussetzt oder eine Ausbildung im Pflegewesen, oder die sich auf dem weiten Feld der alternativen Heilberufe betätigen, kennen diesen Satz. Er geht meistens einem (wenn man Glück hat, nur) teilweisen Entblößen von irgendwelchen Körperpartien voraus, und zwar egal, wo man gerade ist. Wenn man sich beispielsweise nicht in einer Arztpraxis befindet, sondern auf einer Abendveranstaltung mit Gratishäppchen und Cocktailglas, und wenn man dort zufällig neben der guten Hanne steht, dann kann es passieren, dass sich Leute mit dem stechenden Blick eines Adlers nähern, im Gehen schon anfangen, am Verschluss ihres Kleides zu nesteln, um dann mit entblößter Schulter vor ihr stehen zu bleiben. – Augenscheinlich jemand, der weiß, dass Hanne Allgemeinärztin ist.

Und sagen wir es so: Wenn es die Schulter ist, ist man noch einmal davongekommen. Wenn ich mit Hanne in einer Kneipe bin und von schräg hinten den Satz höre: »Du kennst dich doch mit so was aus …«, halte ich mir sofort reflexartig die Hände vor die Augen. Das ist immer noch besser als das eine Mal, als jemand Hanne unbedingt den Heilungsverlauf seiner OP-Wunde am Unterbauch zeigen wollte und mir ein spontanes »Uuuuäh!« rausrutschte.

Auch wer sich durch die Rechtswissenschaften gequält hat, kann ein Lied von »*Du kennst dich doch ...*« singen: Meine hoffentlich-bald-Freundin Lotta wird immer wieder mit Fragen bezüglich schwelender Nachbarschaftsstreits konsultiert, völlig ungeachtet der Tatsache, dass sie sich auf Immobilien- und Erbschaftsrecht spezialisiert hat. »Sag mir Bescheid, wenn du das Grundstück des Nachbarn kaufen willst«, sagt sie dann und ist damit zwar hilfsbereit, kann sich aber in der Regel auch wieder unserem Gespräch und ihrem Wein zuwenden.

Ebenfalls eine Abwehrstrategie müssen sich Informatiker zulegen, die ansonsten ihr Leben damit verbringen, in den Annalen der Computer ihrer Freunde und Bekannten nachzuforschen, auf welchen blöden Knopf die gedrückt haben, sodass der Computer ›plötzlich‹ dieses oder jenes macht.

Automechaniker – auch ganz weit vorne. Ich dachte immer, ich bin dank meiner Sparte ›Werbung‹ ganz gut weggekommen, einfach weil es relativ selten ist, dass jemand sagt: »Hey! Ich dachte, ich mache mal einen Werbespot für meinen – Zwetschgendatschi! Du kennst dich doch mit so was aus?« Das hat tatsächlich noch nie jemand gesagt. Sobald ich aber gesagt hatte, dass ich für Texte zuständig bin, brach es los – Glückwunschkarten, Flyer, Texte für Webseiten, ein paar ›schöne, romantische Zeilen‹, um die Ex wiederzubekommen, und mein Favorit: Geburtstagsreden. Speziell solche für Menschen, die ich noch nie in meinem Leben gesehen habe. Das alles wurde mal mehr, mal weniger charmant an mich herangetragen und wird inzwischen von mir genauso wieder zurückgetragen. Ein goldener Weg kann ein herzlicher Händedruck sein, ein tiefer Blick in die Augen und dann so was wie:

»Ich döse/arbeite/epiliere mich lieber, als den Text für deine Flyer zu machen. Du bist zwar reizend und ich liebe dich, aber mir ist das zu anstrengend. Ich brauche mein Wochenende, um mich zu erholen, du kannst mir aber den fertigen Text gerne zeigen und ich sage was dazu. Freunde?«

Aktionen

Aktionen ist vielleicht zu ungenau, besser gesagt handelt es sich um *Aktionen-bei-denen-man-mitmachen-soll.* Jedem von uns liegt irgendetwas besonders am Herzen und natürlich fragt man im Freundes- und Bekanntenkreis nach Unterstützung. Einige tolle Aktionen sind so geboren worden. Fragt Sie jemand, ob Sie mitmachen bei »Die Wupper muss sauberer werden« und Sie finden die Aktion und die Wupper spitze – nichts wie auf zum Müllbeutel.

Wenn Sie schon immer Webseiten für Ihre Freunde programmieren wollten, weil die mal wieder eine »super Geschäftsidee« haben für einen Online-Handel mit pastellfarbenen Zierfischen: nur zu. Es ist Ihre Zeit. Gehen Sie solidarisch schwarzfahren oder stricken Sie fürs Tierheim, Hauptsache, es schlägt Ihr Herz dafür. Wenn es das aber nicht tut und Sie Ihre tierliebe oder schwarzfahrende Freundin nicht verletzen wollen, dann ist das hier vielleicht was für Sie:

»Liebe/r …, ich liebe dich wirklich sehr, aber ich bügle/schlafe/geißle mich lieber als die Wupper zu säubern/zu stricken. Ich habe ein schlechtes Gewissen und befürchte, du magst mich nicht mehr, aber ich kann die Wupper/stricken nicht leiden. Freunde?«

Das alles kann ich, weil ich es in vielen kummervollen Jahren voller Umzüge, Panflöten-Konzerte und Holzdrosselkäfer-Demos gelernt habe. Ich sage Nein zu den Poetry-Slam-Auftritten von Tom, zu den Spendensammlern vom Zoo und zu der Schulaufführung von Kindern befreundeter Eltern. Besonders zu Schulaufführungen von Kindern befreundeter Eltern. Damit hier kein falscher Eindruck entsteht: Ansonsten bin ich reizend. Sollte irgendjemand der mir angetrauten Freunde ein Problem haben, ziehe ich jederzeit in die Schlacht für ihn/sie, und ich werde auch nicht mit den Augen rollen, wenn es sich immer um das gleiche Problem dreht.

Ich sage auch im Job Nein – und das mit Freude und ohne schlechtes Gewissen. Das läuft so gut, dass es mir fast schon Freude bereitet, wenn jemand anfängt:

- Könntest du mal eben …
- Hast du kurz Zeit …
- Da wäre noch eine Sache …

Insgeheim reibe ich mir da immer fast ein bisschen die Hände. Auch hier gilt: Bei Notfällen bin ich zur Stelle, keine Frage. Auch wenn jemand mal ein Problem hat oder einen Rat braucht: keine Sache. Wenn ich gerade Zeit habe, gucke ich. Aber dieser stete Fluss an Gefallen, auf dem manche Kollegen (und Chefs) so dahersegeln, der musste sich einen anderen Weg suchen. An dieser Stelle tun mir die jüngeren Kollegen etwas leid, die sich noch nicht so gut wehren können: denn dreimal dürfen Sie raten, wo der Fluss an Gefallen hinfließt. Mit einer Mischung aus Neid und Bewunderung erzählen die sich dann gegenseitig Geschichten, was »Die Reinwarth« dem Chef erzählt hat, als der XY von ihr wollte. Dann seufzen sie, und gehen XY erledigen. An dieser Stelle: Kopf hoch, das wird. Durch mein rigides Nein ist nicht nur insgesamt die Anzahl der Gefallen gesunken, um die ich gebeten werde, die Qualität derselben ist auch gestiegen: Ich werde nur noch gefragt, wenn es wirklich wichtig ist. Es läuft.

QUALITÄT

So gelassen und relaxt man auch geworden ist mit den Jahren, es gibt da eine Sache, bei der man immer piseliger wird. Ich habe bei meinen gleichaltrigen Kollegen festgestellt, dass die das alle auch haben: Wir haben alle keinen Bock mehr auf Schrott.

Schauen Sie mal genau hin, wenn Sie irgendwohin zu Besuch kommen: Die Qualität der Dinge steigt direkt proportional mit dem Alter der Bewohner. – Vorausgesetzt, sie können es sich leisten, natürlich.

Während man früher durch die Wohnung von Freunden ging, konnte man mit dem Finger auf die verschiedenen Möbel deuten und sagen: »Billy, Pax, Klippan, Ektorp, Lack und Malm!« Das ist heute anders. Man latscht auch nicht mehr einfach durch die Gemächer anderer Leute, zumindest nicht, wenn man sich nicht schon ewig kennt.

Heute heißt es: »Soll ich euch die Wohnung zeigen?«, und dann wird man herumgeführt. Dabei deuten die Bewohner auf Wandfarben, Möbel und Accessoires und sagen so Sachen wie: »Das Sofa ist ein Normann Copenhagen ...« Und noch während man überlegt, ob die ihren Möbeln einfach bescheuerte Namen geben, so wie man früher seinem Auto einen Namen gegeben hat, stellt sich heraus, dass der Designer so heißt.

»Aber wir haben auch jede Menge Sachen vom Flohmarkt!«, kommt dann meistens hinterher. Dann lässt man sich in einen Stuhl fallen, »ein HAY Chair, ich finde die so toll«, und auch hier ist der erste Eindruck, nämlich dass hier mit einem Stuhl kommuniziert wird: »Hey! Chair« und der Stuhl so »Hey! Human« – falsch. HAY ist lediglich irgendeine nordische Designmarke. Das ist bei mir fast schon zum Hobby ausgereift, in solchen Wohnungen nach alten Ikea-Überbleibseln ihrer Bewohner Ausschau zu halten.

Das soll übrigens nicht abwertend klingen, ich hätte sofort ein Designersofa, wenn die nicht so absurd teuer wären. Ich bin voll dabei, im Qualitätsstreben. Wissen Sie, was ich mir zum letzten Weihnachten gewünscht habe? Anstatt der sonstigen Wünsche wie ein Netflix-Abo, ein Zuschuss zur Stromrechnung oder eine Tiara? Besteck! Ich habe mir allen Ernstes Besteck gewünscht. – Meine Mutter hat mich auch prompt nicht ernst genommen.

Mama: »Was wünschst du dir denn jetzt zu Weihnachten?«

Ich: »Ich hätte gerne gutes Besteck!«

Mama: »Nein, was du dir *wirklich* wünschst!!«

Die dachte, ich verarsche sie.

Dabei hatte ich ehrlich und wahrhaftig ein paar Wochen vor unserem Gespräch eine Art Erweckungserlebnis: Die Bank, bei der ich Kundin bin, hat so eine Art Treuepunkte-System, und ohne dass man irgendwas dafür tun muss, bekommt man hin und wieder kleine Aufmerksamkeiten. Das letzte Mal: drei kleine silberne Kuchengabeln. Wie das System genau funktioniert und warum ich Kuchengabeln bekomme, während andere Kunden (L.) ein ganzes Set an Reisekoffern abstauben, ist mir nicht klar und ehrlich gesagt auch völlig egal. Jedenfalls lagen besagte Kuchengabeln nun in unserer Besteckschublade und glänzten zwischen angelaufenem Silberbesteck und einzelnen übrig gebliebenen Exemplaren von einem schwarz-silbernen Landhausbesteck und sahen schön aus. Und vor allem: Sie fassten sich auch großartig an! Diese Oberfläche war unglaublich glatt und fühlte sich irgendwie weich an und das Gewicht war genau richtig! Nicht zu leicht, nicht zu schwer – noch nie hatten so tolle Kuchengabeln meine Besteckschublade geziert! Ich geriet vor Begeisterung derart in Rage, dass L. mich etwas verunsichert von der Seite betrachtete. Vielleicht können Sie sich ungefähr ausmalen, was an Weihnachten los war, als ich einen 26-teiligen Geschenkkarton mit Besteck auspackte …

»Hätte ich gewusst, dass du so reagierst, hätte ich dir schon viel früher ein paar neue Löffel geschenkt«, kommentierte L. verblüfft meine Verzückung. Aber das ist ja der Punkt: Früher waren mir Löffel und Gabeln wumpe. Besteck fiel mir nur auf, wenn aufgrund von Nicht-Abspülen kein sauberes mehr da war. Wenn jetzt Besuch kommt, der dann in einem Kaffee rührt und freundlicherweise sagt: »Schönes Besteck!«, freue ich mich ein Loch in den Bauch. »Das ist ein Villeroy & Boch, ich finde das so toll!« So geht's dahin ...

Mein lieber L., der mich anfangs mit meinem tollen Besteck noch aufzog, ist inzwischen auch gefallen. Der begeisterte Hobbykoch bekommt glänzende Augen, wenn es um die schärfsten Küchenmesser oder die besten Pfannen geht. – Wir haben inzwischen Küchenmesser im Schrank, die fallen eindeutig unter das Waffengesetz.

Ich habe eine Theorie zu dem ganzen Zeug:
Wir identifizieren uns mit unseren Dingen und je älter wir werden, desto mehr sind wir darum bemüht, dass diese Dinge von Wert sind, lange halten, wertgeschätzt werden und nicht einfach

kaputtgehen. Die Endlichkeit der Dinge erinnert einen permanent an die eigene Endlichkeit und wer will das schon die ganze Zeit sehen oder hören oder erleben. Das ist meine Theorie. Eine andere lautet: Je älter man wird, desto wahrscheinlicher wird es, dass man sich schöne Dinge leisten kann. Also just in den Jahren zwischen jugendlich pleite und Altersarmut.

Ob es nun die einen beim Besteck erwischt oder die anderen beim HAY-Stuhl – es erwischt alle. Männer legen sich überdurchschnittlich oft Dinge zu, die zum Zubereiten von Fleisch verwendet werden: den Beefer aus Edelstahl, ein Set handgegossener Pfannen mit einer Dingsbums-Beschichtung, Unmengen sehr scharfer, sehr teurer Messer oder zumindest einen Weber-Grill mit Deckel. Um den können sie dann herumstehen und mit einem Bier (Craft) in der Hand über Emaille-Beschichtungen und Garzeiten fachsimpeln. Wenn man Glück hat. Wenn man Pech hat, hat man nämlich einen Garten und dann verwirklicht er sich den Traum seiner Jungentage und kauft sich statt eines Traktors einen: Sitzrasenmäher. Den besten.

Diese wertigen Neuanschaffungen stammen aus allen möglichen Bereichen: Der Kugelschreiber, früher das Werbegeschenk vom Drogeriemarkt um die Ecke, ist heute ein schickes Leder-Aluminium-Ding – wenn es nicht ganz dicke kommt und der Kuli durch einen Retro-Füllfederhalter mitsamt Lederetui ausgetauscht wurde. Die neue Umhängetasche mit dem Laptop ist aus doppelt gemoppeltem Rindsleder. Handgenäht.

Habe ich die Whiskey-Tastings erwähnt? Das ist eine Altherrensache. Wenn eine Frau wiederum sagt: »Ich möchte nicht mehr diese T-Shirts, die nur einen Sommer halten, die Qualität von H&M ist echt unter aller Kanone!« – dann ist es so weit. Wir wollen Dinge von Wert, etwas, was hält, wenn wir selbst schon nicht mehr so gut halten. Daher auch der Griff zum Klassiker: Der ist wie wir. Ein Dufflecoat zum Beispiel: nicht aus der Mode zu bringen, zeitlos schön, ganz wie seine Trägerin. Es gibt Hoffnung, wenn wir miterleben, dass unsere Dinge nicht demnächst wieder sterben – und zwar nicht nur aus umweltschutztechnischen Gründen. Wir können uns hier vormachen, dass wenn man die Dinge nur gut genug pflegt, sie praktisch ewig halten – so wie wir.

Ob der gute Ledersessel oder das Bluetooth-Marken-Soundsystem, die Kosmetik-Produkte aus dem Klostergarten oder das unbehandelte Holzspielzeug und der Steiff-Bär für die Kinder – Qualitätsbewusstsein kommt immer mit den Jahren. Das muss gar nicht so abgehobenes Zeug wie ein *Eames Lounge Chair* oder eine *Technica IV Profi WA* -Kaffeemaschine sein – vielleicht kommt man einfach drauf, dass Schuhe mit Fußbett viel toller sind als solche ohne. Oder dass das Lieblingsalbum aus einem guten Lautsprecher viel besser klingt als aus dem Handy.

Die Liebe zu Qualität gilt übrigens auch für Dienstleistungen und Fertigkeiten. Die *guten, alten* Gewerke sind da ganz vorn dabei, mit Ehrfurcht in der Stimme wird geschwärmt von unglaublich tollen Stuhlflechtern und traditionellen Kaminbauern. Ich persönlich schwärme seit geraumer Zeit für Fachverkäuferinnen. Wer noch nicht so weit ist: Eine Fachverkäuferin ist das Gleiche wie eine Verkäuferin, nur dass sie sich mit dem Produkt, das man kaufen möchte, auskennt. Eine Art Segen in Menschengestalt und eine ganz andere Gattung als die dünnen Mädchen bei H&M, die diese Klamottenberge immer wieder in den Kreislauf von Regal-Umkleidekabine-Bügel-Regal einfädeln müssen.

Als ich das erste Mal in ein Unterwäschegeschäft ging, um einen neuen BH zu kaufen, war ich zunächst völlig irritiert, dass mir die Verkäuferin auf den Fuß folgte. Und als sie den Kopf in die Kabine steckte mit: »Und wie passt er?«, wäre ich vor Schreck fast in die Luft gesprungen. Derweil wollte die gute Frau nur das Beste. Anschließend kam sie mit Maßband und all ihrem Wissen gleich ganz zu mir rein und erzählte Sachen von Unterbrustbandgrößen und Halbschalen-BHs und maß an mir und um mich herum. Man taut relativ schnell auf, wenn man mit jemand Fremdem halb nackt in einer ein Quadratmeter großen Kabine steht, nach ein paar Minuten ließ meine Verkrampfung nach. Darauf folgte ein Aha-Erlebnis nach dem anderen. Ich wusste beim Verlassen des Geschäfts, woran ich erkenne, ob der BH sitzt, welches die geeignetsten Formen für mich sind, wie man die Größe überhaupt bestimmt und für welches Kleidungsstück welcher BH gedacht ist. Die BH-Fachverkäuferin war meine Kuchengabel des Einzelhandels!

Die Faszination, sehr günstig im Kaufhaus oder noch günstiger bei Amazon (oder im Profi-Level am allergünstigsten bei Ali-Express) zehn BHs zum Preis von drei zu ergattern, ist der Faszination von einem BH, der wirklich passt, gewichen. Sie können, falls Sie zum Beispiel ein Mann sind und keine Brüste haben, das Thema ›BH‹ auch jederzeit ersetzen durch ›Küchenzubehör‹ oder ›Soundsysteme‹. Die Faszination bleibt die gleiche (nur die Beratung ist eine andere).

Der Umstand, dass man Qualität zu schätzen weiß, und zwar auch die Qualität von guter Arbeit, und gewillt ist, diese entsprechend zu bezahlen, hat die verschiedensten Auswirkungen: zum Beispiel, dass man weiß, es lohnt sich, im Urlaub Geld auszugeben für einen ortskundigen Führer. Es sei denn, man liegt eine Woche am Pool, da wäre ein Führer rausgeschmissenes Geld. Und auch das frühere Unwohlsein, falls man eine Putzfrau beschäftigt, fällt weg:

Während sich die Leute früher gewunden haben in ihrer Pein, um ›der Irina‹ beim Antrittsbesuch zu sagen, »dass es schon toll wäre, wenn sie ein bisschen Ordnung ins Chaos bringen könnte – vorausgesetzt es macht ihr nicht zu viel aus, natürlich« (und dann vor ihrem Erscheinen jedes Mal aufgeräumt hat), hat sich das heute entspannt. Es ist zu einem fairen Tausch geworden: Wissen oder Fertigkeiten gegen Geld. So war es während des letzten Marokko-Urlaubs auch nur kurz komisch, dass morgens eine Frau in unserem gemieteten Haus auftauchte, die uns das Frühstück zubereitete. Nach einem Moment der Scham und des wirklich unbeholfenen Versuchs, keine Umstände zu machen, erinnerte ich mich wieder daran: Es ist ein Tausch. Dann lehnte ich mich zurück, genoss den Service und freute mich diebisch über die unfassbar guten, frischen Dinger, die da gebacken wurden.

BEWEISEN: SICH SELBST UND ANDEREN

Dass man Irina so prima begegnen kann und sich die frisch gebackenen Frühstücksdinger schmecken lassen kann, hat auch damit zu tun, dass man den Beteiligten nicht mehr beweisen muss, dass man kein schlechter Mensch ist. Nicht Irina, nicht der Frau mit dem wunderbaren Frühstück und nicht einmal sich selbst. Und auch wenn man immer zu denen gehört hat, die in der Pizzeria Napoli auch noch vom unfreundlichsten Kellner gemocht werden wollten: Das hört auf.

Ich weiß, ich bin schon ganz ok, keine Zehn, aber eben auch kein Arsch. Ich nütze niemanden aus, der für mich arbeitet, ich bezahle fair, ich versuche nichts Schlechtes oder Böses zu tun oder zu unterstützen, ich handle nicht mit Waffen oder Drogen und spende für die Guten. Das ist doch schon was! Außerdem versuche ich, meine Arbeit gut zu machen, und insofern wäre ich dem Kellner in der Pizzeria Napoli verbunden, wenn er seine Arbeit auch versucht, gut zu machen.

Älterwerden ist großartig. Es gibt eine Menge Dinge, die man nicht mehr beweisen muss – unter Umständen, weil man sie gar nicht beweisen kann. Zum Beispiel:

... eine perfekte – na sagen wir eine gute oder zumindest eine okaye – Hausfrau zu sein

Denn weiß Gott, das bin ich nicht. Aus mir unerklärlichen Gründen war das aber immer ein Anspruch, den ich an mich hatte. Meine Mutter, die Gesellschaft oder sonst wer hat mich dahingehend verdorben. Eine Frau, die nicht kochen kann, bei der zu Hause nicht picobello aufgeräumt ist, die kein Loch im Socken stopfen kann und auch kein Hausmittel gegen Fieber weiß und deren Wohnung sonntags nicht hin und wieder nach einem frischen Zwetschgendatschi duftet, ist der Zonk unter den Frauen. In meinem Hinterhirn stand das festgemauert und unumstößlich. Das war mir natürlich nicht so bewusst, aber ich versuchte alles, um es irgendwie hinzubekommen. Ich habe kiloweise Lebensmittel verbrannt, verkohlt, ersäuft oder anderweitig ungenießbar gemacht, ich habe verschiedene Methoden für ein geordnetes Zuhause ausprobiert und verworfen, ich habe Löcher in Socken gestopft, die danach drei Nummern kleiner waren, und mein Hausmittel gegen Fieber und alles andere auch ist heißer Rum – völlig ungeeignet für Dreijährige. Über die Sache mit dem Zwetschgendatschi möchte ich nicht sprechen, nur so viel: Die Feuerwehr war da.

Es gibt ganz viele Dinge, die ich wirklich gut kann. Alles oben Genannte gehört nicht dazu. Der Unterschied zu früher ist: Ich versuche nicht so zu tun als ob.

Es gibt aber auch eine Menge Dinge, die man nicht mehr beweisen muss, weil man sich derer hundertprozentig sicher ist, zum Beispiel:

... dass ich das alles ganz alleine kann.

Das ist vermutlich so ein Generationending: Meine Mutter, als Generation 0 des Feminismus, war in Sachen Gleichberechtigung noch nicht so geübt und so wusste sie zwar zum einen, wie alles sein sollte: gleiche Rechte für Frauen! Andererseits konnte sie dieses Wissen noch nicht so gut in ihr Leben integrieren: Sie war finanziell abhängig von ihrem Mann, sowohl dem ersten als auch dem zweiten, und auch sonst konnte sie von den gleichen Rechten nicht so Gebrauch machen, wie sie sich das wünschte. Dass ihre Tochter mal selbstständig wird, war denn auch ihr größter Wunsch, und nachdem die Tochter sich das Dilemma mit den Männern ihrer Mutter angesehen hatte, war es auch deren größter Wunsch. Das hat so weit ganz gut geklappt. Das hat sogar so gut geklappt, dass ich mich kämpferisch wie Lara Croft durchs Leben geschlagen habe (allerdings in deutlich anderem Outfit), aber es kam der Moment, in dem mir Jana die Leviten las: »Jetzt hör mal auf, hier immer einen auf Benny Bärenstark zu machen! Ja, du kannst auch alles ganz alleine, aber Himmel – man kann's auch übertreiben.« Und damit hatte sie, mal wieder, recht. Man muss nicht alles mit sich selbst ausmachen, man muss sich nicht um alles kümmern, man kann mal überfordert sein und man kann abgeben, aufgeben, (sich) übergeben und nichts wird passieren. Ich kann mich sogar finanziell abhängig machen, denn ich weiß inzwischen zur Genüge: Ich kann das auch alles ganz alleine.

Ich muss auch endlich nicht mehr beweisen, dass ich irgendetwas ›schon‹ kann, also reif genug bin, etwas zu meistern, zu verstehen oder zu beherrschen. Aus irgendwelchen Gründen assoziieren Leute ein gewisses Lebensalter mit Kompetenz – was lustig ist, weil man ja jede Menge alte Säcke kennt, die an Inkompetenz nicht zu überbieten sind. Nicht zu unterschätzen ist dabei natürlich auch der Geschlechterfaktor, der bewirkt, dass gleichaltrige Männer viel früher in das Kompetenzalter eintreten als Frauen und dort auch länger verweilen. Allerdings stolpern sie auch etwas leichter in das Gegenteil: meinen, beweisen zu müssen, dass sie noch jung sind, was immer peinlich ausgeht. Wollen wir uns mal kurz zurückerinnern: Wie war das, wenn man eine Freundin zu Hause besucht hat und die Eltern machten die Tür auf: Da konnte man Glück haben und da stand eine Mutti mit Zwetschgendatschi und ein altmodischer Papi im Pullunder, es konnte aber auch sein, dass man Junggebliebene antraf: »Ich bin die Inge und das ist der Gunter.« Gunter war dann im schlimmsten Fall total interessiert, fand alles ›stark‹ und knuffte einem kumpelhaft in die Rippen. Waren Eltern an sich naturgegeben doof, waren die auch noch peinlich. Man ist so alt, wie man eben ist, und es gibt keinen Grund, sich jünger oder älter zu geben. Man muss sich auch nicht sorgen, abgehängt zu werden: Das wird man eh! Es ist nur ein kurzer Moment, so wie das Abreißen eines Pflasters, und es tut auch nur kurz weh. Ich bin ungefähr bei Snapchat ausgestiegen. Bald ist es so weit, dass mich eine junge Kollegin nach meiner Handynummer fragt und hinterherschiebt: »Weißt du, ein Handy ist so etwas wie ein Telefon, aber du kannst es überall mit hinnehmen!« Und wenn schon.

Ich muss auch niemandem mehr beweisen, dass ich meinen Job gut kann. Dieses Wissen ist gut für Gehaltsverhandlungen und erspart Unmengen an Stress. Es klingt zwar immer ein klein bisschen unsympathisch, wenn man das sagt, vor allem als Frau, aber ich muss auch niemandem mehr beweisen, dass ich eine ganz sympathische Maus bin.

Und zu guter Letzt muss ich nicht mehr beweisen, dass ich L. liebe. Und er mich. Damit meine ich, dass dieser Zustand erreicht ist, in dem jegliche Zweifel ausgeräumt sind. Wir beide werden den Rest unseres Lebens zusammen verbringen, zumindest, wenn es nach uns geht und kein Schicksalsschlag uns einen Strich durch die Rechnung macht. Wenn man mal durch ein paar tiefe Täler gegangen ist – wir waren schon in Tälern, in denen die Sonne niemals scheint –, dann kommt man an so einen Punkt, da muss man sich nichts mehr gegenseitig versichern. Deswegen wird auch nicht mehr geheiratet: Als die Liebe noch frisch war, fand ich das zu gesellschaftskonform und spießig (schade eigentlich) und heute bedeutet es nichts mehr, denn an dieser Markierung sind wir schon lange vorbeigeschwommen. Ich zweifle nicht daran, dass er mich liebt, dass er alles für uns tun würde und dass er zu hundert Prozent loyal ist – nicht mal in der Nacht, als wir auf einem Campingplatz am Meer den Geburtstag einer Freundin feierten und L. mitten in der Nacht, als ich schon schlief, das Zelt öffnete und eine splitterfasernackte Frau zu mir auf die Matratze schubste. Ich bin noch nicht mal aufgestanden – das Einzige, was ich mir dachte, war: Auf die Geschichte bin ich gespannt. Und dann bin ich wieder eingeschlafen.[12]

---

12 Wer es wissen will: L. und die Frau – die Bea heißt und auch auf dem Geburtstag war – tranken und sangen noch so lange, bis Bea sturztrunken im Meer schwimmen gehen wollte. L., ebenfalls sturztrunken, aber noch bei Sinnen, versuchte, sie vom Gegenteil zu überzeugen. Trotzdem stand Bea irgendwann hüfthoch und nackt im Wasser und pries die Freiheit oder den Mond oder etwas in der Art. Als sie wieder herauskam, setzte sie sich in den Sand und da wäre sie eingeschlafen, aber L. hat die panierte Bea zu den Duschen geschleppt, den Sand notdürftig abgeduscht und hat sie dann – »Wo hätte ich sie denn hinlegen sollen?« – zu mir ins Zelt gelegt.

BESONNENER WERDEN

Das ist jetzt etwas, worüber das Umfeld fast noch mehr froh ist als man selbst: Man macht nicht mehr jeden Quatsch, der einem so durchs Hirn fegt. Auf diese Weise erspart man sich so manchen zerschnittenen Fuß, der heile bleibt, weil man nicht mehr nachts im Sommer ›total verrückt‹ (und betrunken) in öffentlichen Brunnen herumwatet.

Auch Ideen, die nüchtern auf den ersten Blick DIE Idee des Jahrhunderts sind, werden mit einem zweiten Blick bedacht und eventuell verworfen. Und nicht jede Mail oder Text-Message, die man im Eifer des Gefechts schicken möchte, geht wirklich raus. Diesem Umstand verdankt man nicht selten seinen Job, seine Gesundheit, seine Freundschaften und seine Würde.

In Sachen Besonnenheit gibt es allerdings große Unterschiede zwischen den Geschlechtern: Die Menge an Männern, die sich in fortgeschrittenem Erwachsenenalter durch eine bescheuerte Idee bloßstellen, verletzen oder aus dem Leben katapultieren, ist ungefähr doppelt so hoch, wie dies bei Frauen der Fall ist. Im Alter gleicht sich das dann wieder aus, aber das liegt vermutlich daran, dass die Männer dann nicht mehr so können wie sie wollen.

Eine besonders gefährliche Konstellation scheinen mehrere Männer auf einem Haufen in Kombination mit mangelnder Beschäftigung zu sein. In Spanien gibt es eine schöne Bezeichnung für die Ideen, die solche Konstellationen hervorbringen, nämlich ›Ideas de Bomberos‹, was übersetzt ›Feuerwehrmänner-Ideen‹ heißt. Sie heißen so, weil während der langen Bereitschaftsschichten die Feuerwehrmänner in der Wache auf einem Haufen sitzen und sich langweilen – und daraus traditionell die dämlichsten Ideen entstehen. Ein Freund von uns ist spanischer Feuerwehrmann, und als wir den kennenlernten, trug er gerade seinen Arm in Gips. Knochenbruch.

»Oh, ist das im Einsatz passiert? War es ein riesiger Brand? Wo?«, woraufhin besagter Feuerwehrmann betreten zur Seite blickte und nach mehrfachem Drängen erzählte: Er und seine Feuerwehrkumpels hatten sich auf der Wache gelangweilt und ein tolles Spiel erfunden: Sie müssten einen Parcours durch den ganzen Raum absolvieren, aber ohne den Fußboden zu berühren. Das war auch sehr lustig, aber dann ist José vom Spind gefallen ...

Geschichten wie diese gibt es unzählige. Ulf, ein lieber Freund von L., hat sein Meisterstück beim Bund abgeliefert, das ist ja auch so eine Einrichtung, in der sich zu viele Männer auf einem Haufen langweilen …

Ulf hatte Nachtwache in der Kaserne. Das heißt, er saß alleine an einem Tisch, musste wach bleiben und eventuelle Begebenheiten per Funk an die 120 Kilometer entfernte Kommandozentrale melden. Die Jungs am anderen Ende des Funkgerätes und Ulf ärgerten sich ein bisschen lustlos gegenseitig, und mehr aus Langeweile nahm Ulf irgendwann den Stapel Blätter, der neben ihm lag, und las einen Militärcode vor, der da stand.

»Alphabeta, AR2 837«, irgendetwas in der Art.

Daraufhin waren die Jungs am anderen Ende still. Dann, deutlich ernster:

»Bitte wiederholen Sie!«

Und Ulf prompt: »Alphabeta, AR2 837.«

Keine Viertelstunde später hörte Ulf draußen ein gedämpftes *Flap-flap-flap-flap-flap*. Das waren die Kampfhubschrauber.

Ulf hatte mit seinem Code in etwa gesagt: »Feindlicher Angriff! Brauche umgehend Verstärkung aus der Luft!«

Die Bundeswehr, wer hätte das gedacht, ist in solchen Dingen extrem humorlos und schickte sofort Verstärkung für Ulf und selbigen anschließend für sechs Monate in den Bau. Das würde er heute so auch nicht mehr machen.

Die vollkommen beknackten Ideen von Frauen haben oft etwas mit Männern und Romantik zu tun und dahingehend liegt meine Freundin Anne in Führung, die einmal allen Ernstes nach Phnom Penh geflogen ist, weil dort ein ihr bekannter Mann mit extrem niedlichen Grübchen weilte, und zwar – jetzt kommt's – OHNE SEINE GENAUE ADRESSE DORT ZU KENNEN. Falls Sie es gerade nicht verorten können: Phnom Penh ist in Kambodscha. Und hat 1,5 Millionen Einwohner.

Andere fahren in den Urlaub, lernen dort einen exotischen Mann kennen, der unter den Achseln nach Safran riecht, und anstatt sich zwei schöne Wochen zu machen und beschwingt wieder zurückzufahren, verkaufen sie die Eckgarnitur, bringen die Katze ins Tierheim und ziehen zum Massai in die Wüste. Geht meist auch nicht so gut aus.

In der Regel ist man im Nachhinein selbst völlig fassungslos, wie man so etwas Blödsinniges nur machen konnte. Das Schöne ist: Das Blödsinnige wird weniger. Ich werde zum Beispiel nie mehr ein Auto kaufen, von dem der Besitzer mir versichert es wäre top in Schuss, das Geräusch wäre ganz normal und die Papiere, nun – die hätte er irgendwie verloren, das wäre aber kein Problem. Und unser Freund Michel wird mit Investitionen vorsichtiger sein, durch die er per Telefonberatung aufmerksam gemacht wird und die aus obskuren Gründen nur noch für ihn und nur noch ganz kurz verfügbar sind.

Es gibt so viele Sachen, die man nie mehr machen wird, einfach weil man den ersten Impuls einer kritischen Betrachtung unterzieht – eine spitzenmäßige Sache am Älterwerden.

Da wären zum Beispiel:

Späte Text-Messages an Exfreunde

Auch wenn ich Single wäre und auch wenn ich getrennt wäre und sogar, wenn ich darüber nicht glücklich wäre, würde ich nach einer Flasche Wein nie, nie, nie mehr auf meine innere Stimme hören. Die sagt dann nämlich: »Schreib ihm einfach, wie sehr du ihn vermisst, dann kommt er garantiert wieder zurück! Vertraue mir!«

Heute weiß ich: Meine innere Stimme verträgt absolut keinen Alkohol und ist nach ein paar Gläsern Wein zu nichts mehr zu gebrauchen. Das weiß ich jetzt und kann mich drauf einstellen. Wenn ich heute zu vorgerückter Stunde auf einer Party einen im Tee habe und meine innere Stimme so etwas sagt wie: »Dies ist der perfekte Moment, um auf Spotify ›Lambada‹ zu suchen und auch zu tanzen, vertraue mir!«, bin ich immer noch kurz versucht, ihr zu glauben, aber dann reiße ich mich zusammen und schenke mir noch ein Glas ein. Einen Scheiß werde ich tun, meine Liebe!

Wütende Mails
Es gibt zwei Zustände, in denen man keine Mails schreiben sollte:

a) betrunken
b) wütend

Das ist auch ganz logisch, aber eben nur solange man nicht:

a) betrunken oder
b) wütend

ist. Sonst kommt es nämlich trotz bester Vorsätze zu Ergüssen, die nicht ausschließlich professionell oder freundlich gehalten sind. Eventuell stellt man im Eifer der Gefühle und des Gin Tonics Mutmaßungen über den geistigen Zustand der anderen Person an. Und ganz eventuell spickt man dieses fragwürdige Schreiben mit verschiedenen Schimpfwörtern, die auch Tiernamen enthalten, und einer klaren Vermutung über die Erwerbstätigkeit der Mutter dieser Person. Das ist, wenn man etwas erreichen möchte, keine kluge Entscheidung. Und auch wenn man sich dessen durchaus bewusst ist, dauert es eben manchmal Jahrzehnte, bis man auch nach diesem Wissen handelt und sich nicht von der verlockenden Befriedigung durch eine üble Mail/SMS oder eine Text-Message in Versuchung führen lässt.

Taktieren
Wenn man etwas erreichen will, ist der Weg zum Erfolg manchmal nicht eine schnurgerade Autobahn. Für viele meiner Mitmenschen ist das keine neue Entdeckung, die taktieren schon seit frühester Jugend und sind zum Großteil in die Politik gegangen. Ich

war aber immer überzeugt, es ist das Beste, geradeheraus zu sagen, was man will oder was einen stört. Weit gefehlt! Es ist wie beim ersten Date: Da ist es unter Umständen auch geschickter, demjenigen am Treffpunkt nicht mit offenen Armen entgegenzurennen und zu rufen: »Da bist du ja endlich, Mann meiner Träume!« Das könnte abschrecken. Und obwohl man sich ihm tatsächlich am liebsten in die Arme werfen würde, gibt man sich etwas zurückhaltender. Das ist im Job und im täglichen Leben nicht anders. Und es ist vor allem nicht schlechter. Irgendwie hat es sich in unserem ethischen Empfinden durchgesetzt, dass geradeheraus irgendwie moralisch ›besser‹ ist, als über Bande zu spielen, aber das ist Käse. Im Umgang mit anderen Leuten ist es sogar äußerst empfehlenswert, taktisch klug vorzugehen. Inzwischen führe ich wichtige Gespräche immer mit der Überlegung im Voraus: ›Wie bekomme ich, was ich will, und was sage ich auf mögliche Einwände?‹

Im Gegensatz zu meiner Überlegung früher: ›Ich will‹, und: ›Das werden wir doch sehen, ob das geht!‹

Auch wie man am besten auf ungerechte, empörte oder aggressive Mitmenschen reagiert, hat wenig mit ›geradeheraus‹ zu tun, sondern eher mit Taktik:

Als unser Haus renoviert wurde, besuchten wir mit dem Architekten unseren Nachbarn, denn der hatte uns bei Polizei und Bauamt angezeigt. Kaum war die Tür offen, fing der Nachbar auch prompt an zu schimpfen. Und noch während ich versuchte, ihn zu beruhigen und Fakten richtigzustellen, bedeutete der Architekt L., er möge mich doch bitte an der Hand nehmen und verschwinden. L. zog mich – inzwischen schon Augen rollend – von dannen. Als wir uns zu Hause wiedertrafen, machte ich meinem Ärger Luft: Wie das sein könne, so ein Arsch, wir hätten die Genehmigungen und überhaupt, und warum er, der Architekt, ihm das nicht gleich gesagt hätte, und so weiter. Der Architekt lächelte mich freundlich an und sagte: »Der Nachbar musste seinen ganzen Groll loswerden. Stellt euch vor, jeden Tag hört der den Baulärm und ärgert sich und dieser ganze Ärger muss eben mal raus. Jetzt hat er ihn endlich bei mir abliefern können und danach ist er auch ganz ruhig geworden, dann habe ich ihm natürlich alles erklärt. Aber vorher ging das nicht, da war er noch nicht bereit. Wir hätten nur rumgeschrien.«

VORBILDER

Obwohl im Großen und Ganzen alles besser wird (außer der Sache mit dem Stoffwechsel und den Lesebrillen, wir sprachen davon), ist die Aussicht, ab jetzt NOCH älter zu werden, gefühlsmäßig irgendwie kein richtiger Grund, eine Party zu feiern. Warum eigentlich nicht? Untersuchungen zufolge sind wir in den Jahren zwischen 50 und 78 am glücklichsten! Warum also stoßen wir nicht jeden Abend voller Vorfreude mit einem Gin Tonic auf die kommenden Jahre an? Warum fiebern wir nicht auf diese glücklichste Zeit im Leben hin? Oder freuen uns, genau dort zu sein?

Vermutlich trägt das Alter in unseren Köpfen immer noch eine pastellfarbene Dauerwelle und beige Gesundheitsschuhe. Alter wird assoziiert mit Krankheit, Einsamkeit, Schmerzen, Vergesslichkeit, Glatzen, Gebrechlichkeit und riechen tut man auch nicht mehr so gut. Alter ist eine Bedrohung, altern macht Angst.

Wo genau dieses ›Alter‹ anfängt, ist uns noch nicht mal klar: Noch 1972 zum Beispiel war man mit 50 schon alt. Doch heute werden immer mehr Freunde 50 und die sehen noch ganz normal aus und nicht wie Oma und Opa. Die bisherigen Zahlen als Anhaltspunkte gelten jetzt nicht mehr und dieser Wandel geht so schnell, dass wir mit den Bildern in unseren Köpfen noch gar nicht hinterhergekommen sind.

Nena wird zwar bald 60, Nina Hagen ist schon ein bisschen drüber, Debbie Harry ist an der 70 vorbeigezogen und die zauberhafte Vivienne Westwood rumpelt bald in die 80 – aber die Alten auf der Straße sehen zum Großteil ganz anders aus als Nina Hagen oder Vivienne Westwood.

Wir haben fast keine Vorbilder, die was taugen! Oder zumindest sehr wenige. Im privaten Umfeld sind ›junge‹ Alte, die noch interessiert sind an der Welt, die fit sind und noch offen, die Ausnahme. Nicht viele gibt es, bei denen man sich denkt: So könnt's gehen.

Dafür trifft man auf jede Menge Leute, von denen man sich denkt: Also so ja schon mal nicht:

Die Missionare

Kennen Sie die? Bei denen entwickelt sich langsam, aber stetig ein dringendes Bedürfnis, ihre Umgebung auf jedwede Verfehlung hinzuweisen. Der Klassiker früher war: »Das ist kein Radweg!«, was meist in der Situation eine völlig korrekte Aussage war. Die Missionare sind überall. Im Straßenverkehr eine klassische Situation, in der Missionare ausrasten: Ein Auto fährt auf der Autobahn in der Mittelspur, obwohl die rechte Spur frei ist. Da dreht der Missionar durch. Anstatt vielleicht zu hupen oder aufzublenden – oder einfach zu überholen –, fährt der Missionar an dem betreffenden Auto vorbei und schneidet den Fahrer dann scharf, indem er direkt vor ihm auf die ganz rechte Spur fährt. DAMIT DER DEPP SIEHT, WO ER FAHREN MÜSSTE! Und ist dann voller Hass. Derweil hat der Fahrer halt gerade eben an irgendwas gedacht und nicht aufgepasst. Oder fühlte sich unsicher. Ist ja auch egal.

Ganz schlimm ist auch die Fraktion, die mit Kritik am Verhalten von Mitmenschen nicht hinterm Berg hält, indem sie gerade noch so in Hör-Lautstärke ihren Senf dazuzischelt. Wenn man selbst angezischelt wird, ist das schon unangenehm, man weiß ja in dem Moment im seltensten Fall, wie sehr man jemanden gerade in Rage bringt – einfach weil man aus Versehen die leere Plastikverpackung in den Abfalleimer mit dem blauen Rand (Blau heißt Altpapier) geworfen hat. Noch unangenehmer, wenn man neben einem Zischer sitzt: Ein recht netter Herr, mit dem ich beruflich zu tun habe, hat mich zum Mittagessen ausgeführt, und als wir uns recht froh über die Antipasti-Platte hermachen, dreht er sich leicht zur Seite und zischt: »Diese scheiß Handys, dass diese Deppen es nicht hinkriegen, draußen zu telefonieren!«, woraufhin mir erst mal ein Stück Zucchini im Hals stecken blieb. Zum einen war mir der Mann gar nicht aufgefallen, der zwei Tische weiter in sein Handy sprach, zum anderen: dieser Hass! Wo kam der so schnell her? Vielleicht wollte der Kerl nicht alleine essen und hat sich mit seiner Fernbeziehung zum Essen verabredet? Vielleicht ruft er seine Mama im Krankenhaus an, vielleicht ... – nun ja. Es ist ja auch egal. Der gleiche nette Herr hat sich im Übrigen zuvor über die Leichtigkeit des Lebens in südlicheren Gefilden ausgelassen, dieses wunderbare ›Savoir-vivre‹, wo die Leute nicht so ernst und verbittert wären ... (*und jeder in sein Handy plärrt wie ein Fischverkäufer am Marktstand*, habe ich da innerlich hinzufügen müssen).

Die Kritiker

Die Kritiker winken von vornherein alles ab, was ihnen nicht gefällt, was sie nicht verstehen – und alles andere auch. Technische Errungenschaften sind neumodischer Scheiß, die Welt geht eh den Bach runter, was aber angesichts all dieser unfähigen Nulpen niemanden zu wundern braucht, und die Klamotten/Frisuren/Musik, die gerade so modern sind, sind einfach nur lächerlich. Hundertmal gehört, hundertmal gesehen, gähn. Am liebsten rotten sich Kritiker mit ihresgleichen zusammen und ziehen dann gemeinsam vom Leder. Dann fühlen sie sich überlegen, was für sie die einzige Möglichkeit ist, so richtig Spaß zu haben. Sie zelebrieren ihre Rückwärtsgewandtheit und schwelgen in all den Dingen, die einmal waren, und vermutlich ist das die neue ›Früher-war-alles-besser‹-Generation. Es gibt nur noch eins, was noch schlimmer ist:

Die Gattung Kritiker UND Missionar in einem. Die zischeln dann so halblaut: »Unmöglich, wie manche Leute herumlaufen!«

Die Anti-Ager

Zu den Anti-Agern zählen die ewig Junggebliebenen, die sich an der Jugend orientieren, was Style und Ausdrucksweise betrifft, und die es nie hinkriegen, dass das nicht aufgesetzt wirkt. Außerdem die Frauen mit den Schlauchbootlippen, der glatt gebügelten Stirn und den Goldfäden in den Backen. So zu werden, ist das Einzige, was man am Alter so richtig fürchten sollte.

Was wir suchen und nicht so leicht finden, sind die Frauen und Männer, die nicht *trotz* ihres Alters schön sind, sondern in ihrem Alter schön sind. Also mehr *Beautiful Aging* statt *Anti Aging* betreiben. Damit meine ich nicht eine Madonna, die einfach alles dafür tut, für immer wie unter 40 auszusehen, sondern deutlich über 40-Jährige, die trotzdem toll aussehen. Toll, cool, elegant, modern, alles Mögliche, aber nicht zwingend jung. Große Aufmerksamkeit haben Mode-Blogger bekommen, die Alte als Stilikonen feiern. Ari Cohens Blog *Advanced Style* ist der bekannteste, sehen Sie sich den an: lauter coole Alte. Es gibt Alte, die sind wirklich echte Stilikonen geworden, wie Iris Apfel und Mimi Weddell zum Beispiel.

Die gibt es, nur meistens nicht in der eigenen Realität. Auf der Straße in Ottensoß nicht, in der Familie nicht und in der Werbung tauchen die Weißhaarigen auch meist nur in den Werbespots auf, in denen Produkte für Blasenschwäche beworben werden – und selten, wenn es um Lebensart oder Mode geht. Ich weiß nicht, wie Sie sich Ihr Alter vorstellen, aber ich bin deutlich für Debbie Harry und Mimi Weddell und gegen die Alte aus der Blasenschwäche-Werbung mit dem Dutt. Und wenn ich die Erste in meiner Stadt bin!

NACHWORT

Und wie geht es nun weiter?

Bis jetzt läuft es ganz gut. Oder anders gesagt: Wer würde schon mit einer 20-Jährigen tauschen wollen? Diesen Stress und diese Unsicherheiten und diese Dramen – das alles in Kauf nehmen nur für ein strafferes Bindegewebe? Also echt nicht. Man stelle es sich nur kurz vor: Anstatt heute Abend mit L. und Jana eine hervorragende Gamba-Lasagne im Garten zu verspeisen, die Pläne für die Einliegerwohnung für die Mama anzusehen und – falls ich das möchte – um elf ins Bett zu fallen, müsste ich:

- etwas essen, was nicht aufträgt, keinen Knoblauch enthält und keine Blähungen verursacht
- meinen Kleiderschrank durchforsten nach einem Outfit, das gleichzeitig heiß, aber nicht zu aufgedonnert aussieht
- hoffen, dass in dem Club heute Abend L. auftaucht, und gleichzeitig hoffen, dass Karina nicht auftaucht, weil die auch auf L. scharf ist
- mir Gedanken machen, warum der Typ am Eingang so komisch geguckt hat
- mir Gedanken machen, ob L. Karina vielleicht viel toller findet als mich

- mir Gedanken machen, ob L. noch kommt
- permanent den Bauch einziehen
- seit elf müde sein
- … und den nächsten Tag im Bett verbringen, weil L. nicht kam und ich aus Frust ein, zwei Tequila mit dem netten Typ mit den Grübchen getrunken habe. Dann würde ich mir Vorwürfe machen, dass ich im Bett liege und an meinem freien Tag nicht so etwas Sinnvolles wie zum Beispiel Sport mache oder die Welt rette. Und ich würde mich schlecht fühlen, weil alle anderen ihr Leben irgendwie besser hinkriegen als ich. Ich würde mir Sorgen um die Zukunft machen, fatalerweise den Typen mit den Grübchen zurückrufen ...

... und wenn ich mir das alles so vorstelle und mich dann rumdrehe und das Kind und L. sehe, die im Garten eine Ameisenspur verfolgen, dann bin ich so wahnsinnig froh, dass ich keine 20 mehr bin, dass ich mir ganz kurz freundlich über die Cellulite streichle. Ist schon gut so. Und ich bin sehr, sehr gespannt, wie es weitergeht …

Bis dann und machen Sie's gut,
Ihre Alexandra Reinwarth